手で練る建築デザイン

中山繁信

彰国社

はじめに

私たちの生活は、大きく変わりました。それは技術の進歩によるものだろうと思います。いうまでもなく、その象徴がコンピューターですが、私たちはそのコンピューターに頼りすぎ、人間が持っている優れた能力を生かすことを忘れているように思えて仕方ありません。

簡単な計算ができなくなった、漢字を思い出せない、こういったことが日常的に起こっています。これも便利な計算機やパソコンに頼っていることと無関係ではないように思います。「魔法の道具」も使い方を間違えれば、人間の能力を殺してしまう凶器となりかねません。

ですから、私たちの持っている潜在能力に磨きをかけるべきです。いくら上手にコンピューターを操り、CGで絵を描いても、それはあなたの作品とはいえませんが、あなた自身の手で描いたものは、出来、不出来にかかわらず、あなた自身の個性的な作品なのです。そして、それはあなた自身そのものの存在の証《あかし》でもあります。

手で「書くこと」は大切ですが、「描《か》くこと」はもっと重要な意味があります。あなたも、手を動かし、身近にあるものをスケッチしてみてはいかがですか。

とはいっても、「イヌを描いてもネコを描いても区別がつかない」「絵を子供に見せたら笑われた」という絵の苦手な人は少なくありません。

しかし、そんなことでめげてはいけません。

スケッチは技術や才能だけで描くものではないのです。私は「心」で描くものと思っています。たとえ未熟でも、奇をてらうことなく、素直な気持ちで描いたスケッチは必ず人の心を動かします。

巧みなスケッチは世界に無数にありますが、うまいとはいえなくても、世界に一つしかないあなた自身のスケッチを描いてみませんか。

この本は、そうしたあなたの個性を引き出すための手引書のつもりで記したものです。

二〇〇六年十月

中山繁信

目次

装丁　中山繁信
レイアウト　オフィス・ノック

第1章 スケッチをする意味

スケッチはモノの姿かたちを紙の上に描き写すことですが、
それだけではなく、手を動かすことによって、
その形が手から頭へ記憶されるのです。
また、描写するためにはモノをよく観察しなければなりませんから、
モノの形や仕組みをよく理解することにもつながるのです。

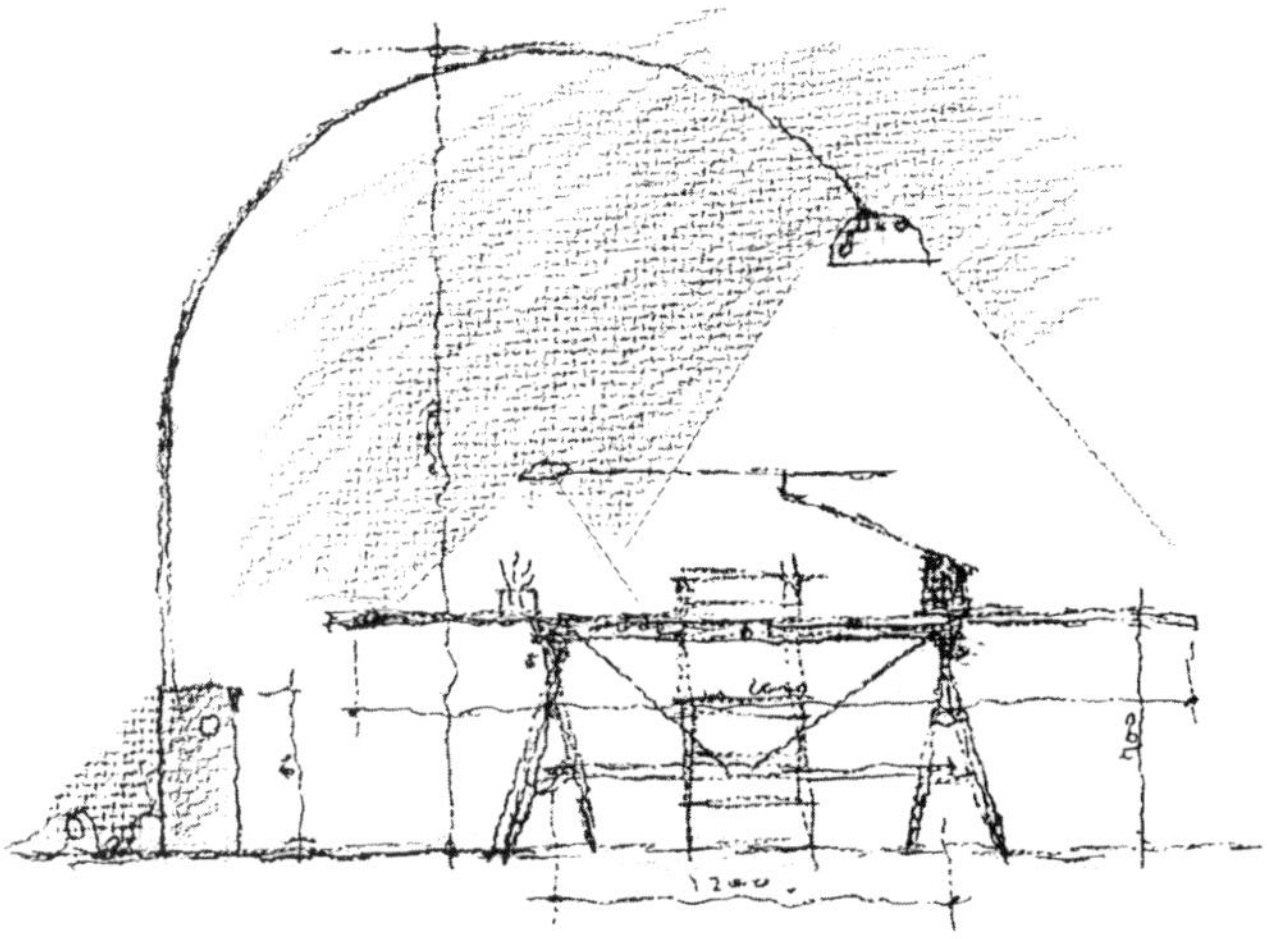

描《か》くことは記憶すること

美しい風景に出会い、その新鮮な感動を描き止めておきたい、または、自分で思い描いたデザインや空間を上手に表現できれば、と思った人は少なくないはずです。しかし、絵心がない、才能がないと思い込み、描くことをあきらめてはいないでしょうか。

スケッチは上手である必要はありません。上手に描こう、うまく見せようとして描いた絵は、かえって下心が見えて人の心を打ちません。上手下手を気にせず、そのときの感動を素直に描き表せばよいのです。

要は、スケッチは技術で描くのではなく、気持ちで描くものなのです。

スケッチの本来の意味は、彫刻や建築を実際に造る前にいろいろ検討をする下図、または下絵を指します。建築の場合はエスキースともいいます。

また、スケッチをする目的はさまざまです。一つは、見たままを紙の上に描き表すことによって、そのものの形を**記憶**できること。

ですからスケッチは、描いたものより、**描く行為自体に意味**があります。描くことによって、手を通して頭へ記憶されるのです。

韓国の民宿。小屋の丸太組みが印象的

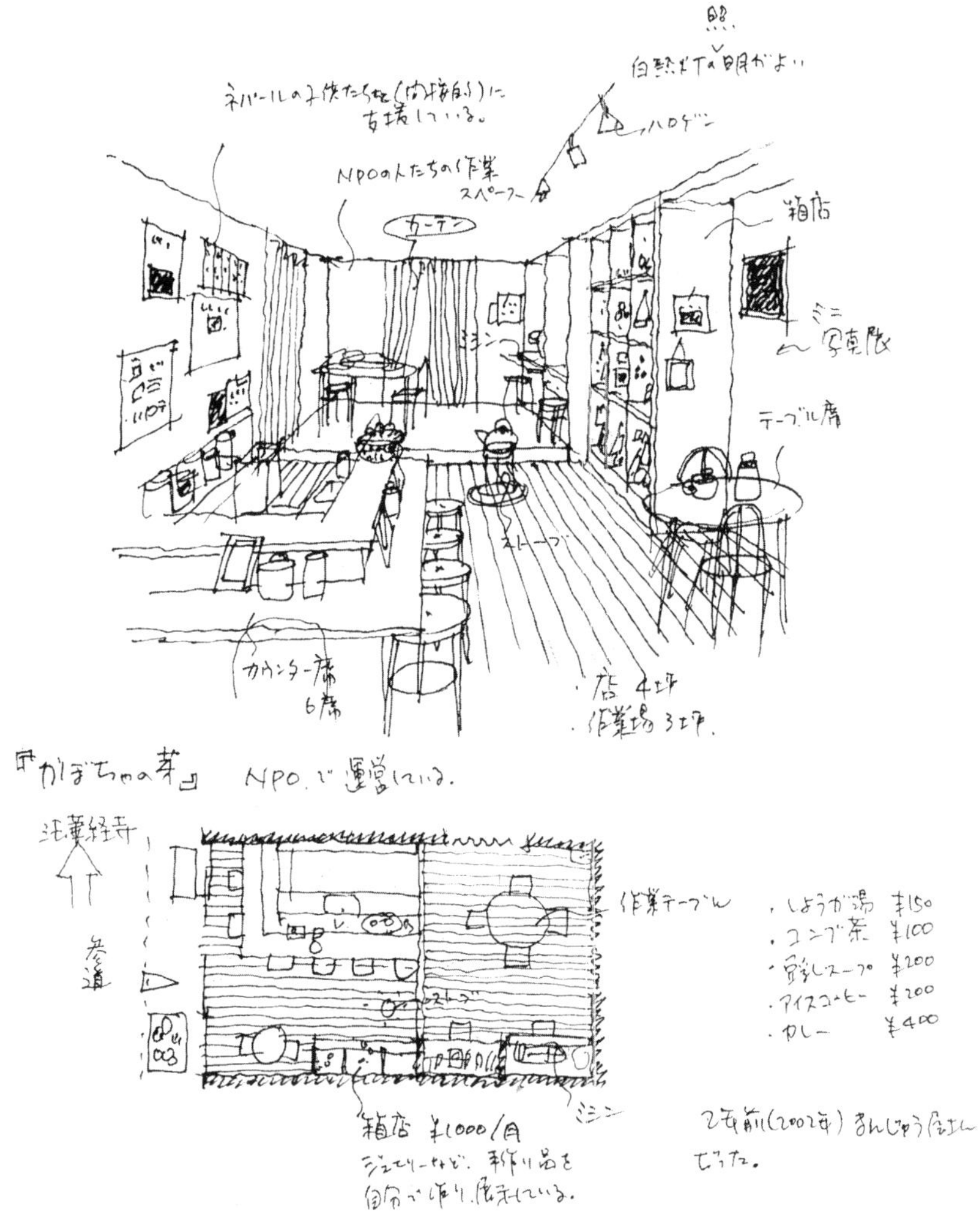

中山法華経寺参道の店「かぼちゃの芽」

描くとモノの仕組みがよく見える

もう一つは、描くことによって、**モノの仕組み**がよく見えてくるという効果があります。

旅をしていて、少し前に見たものがどのような形だったか、思い出せないという経験をした人は少なくないはずです。私たちは見ているつもりでも、意外と表層的にしか見ていないものです。

では、試みに複雑な建築をスケッチしてみてください。形の特徴や仕組みがよく見えてきます。描くことによって、**詳しく見る**という効用があるのです。

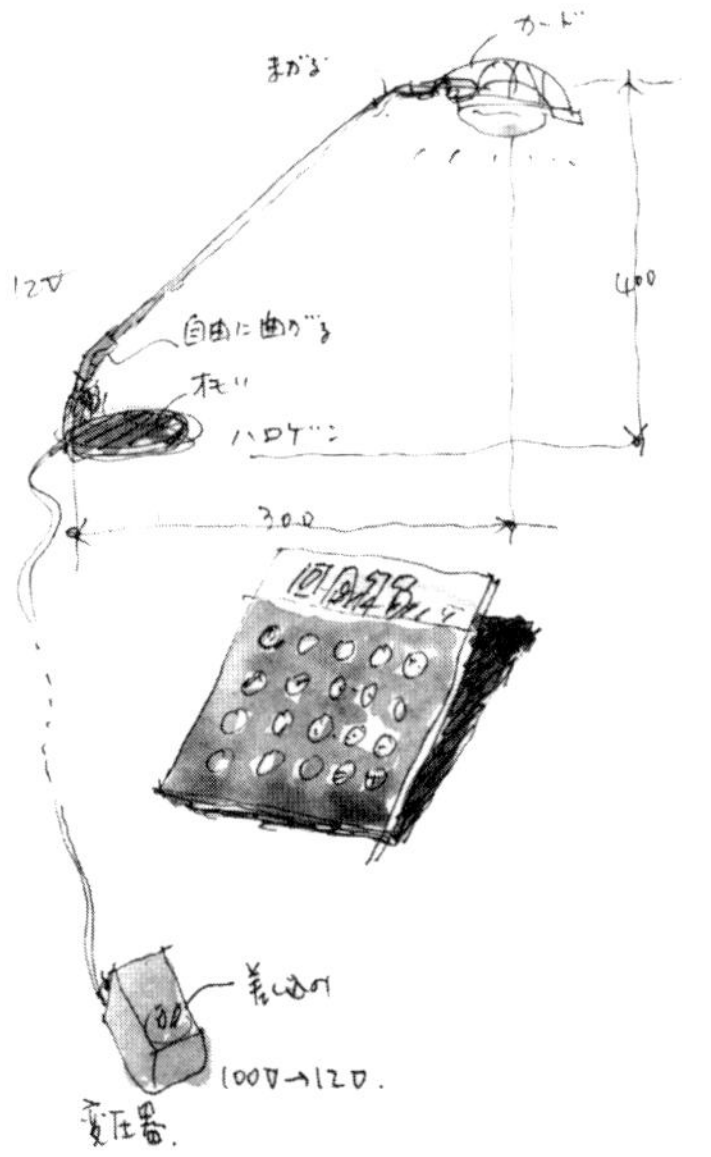

照明スタンド

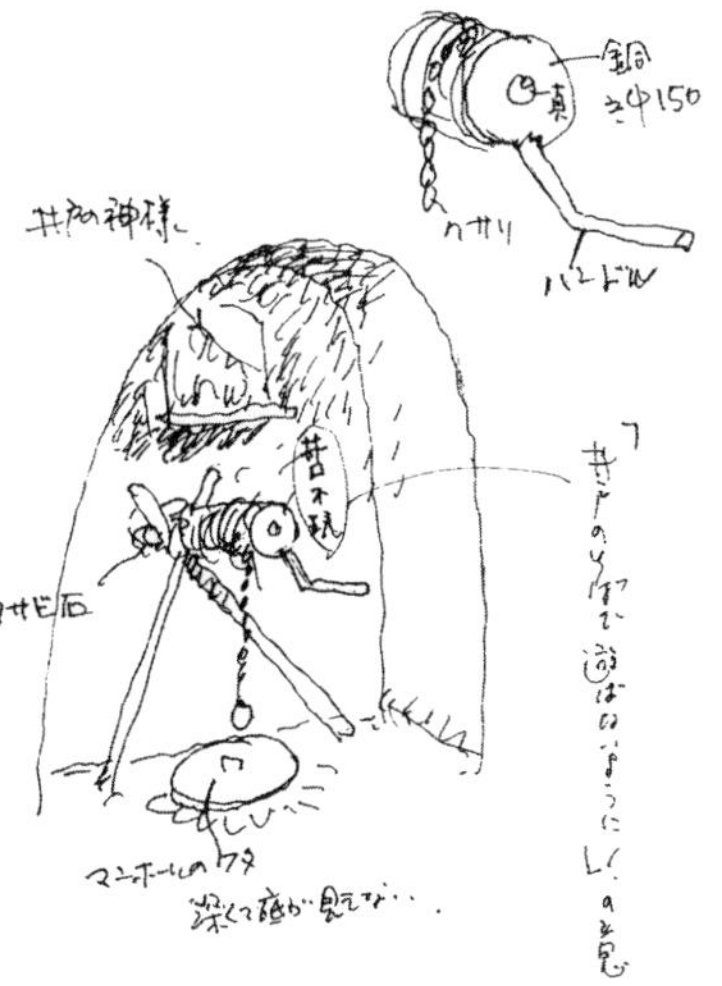

中国、乾陵の穴居住宅（ヤオトン）。井戸周辺のしつらえ

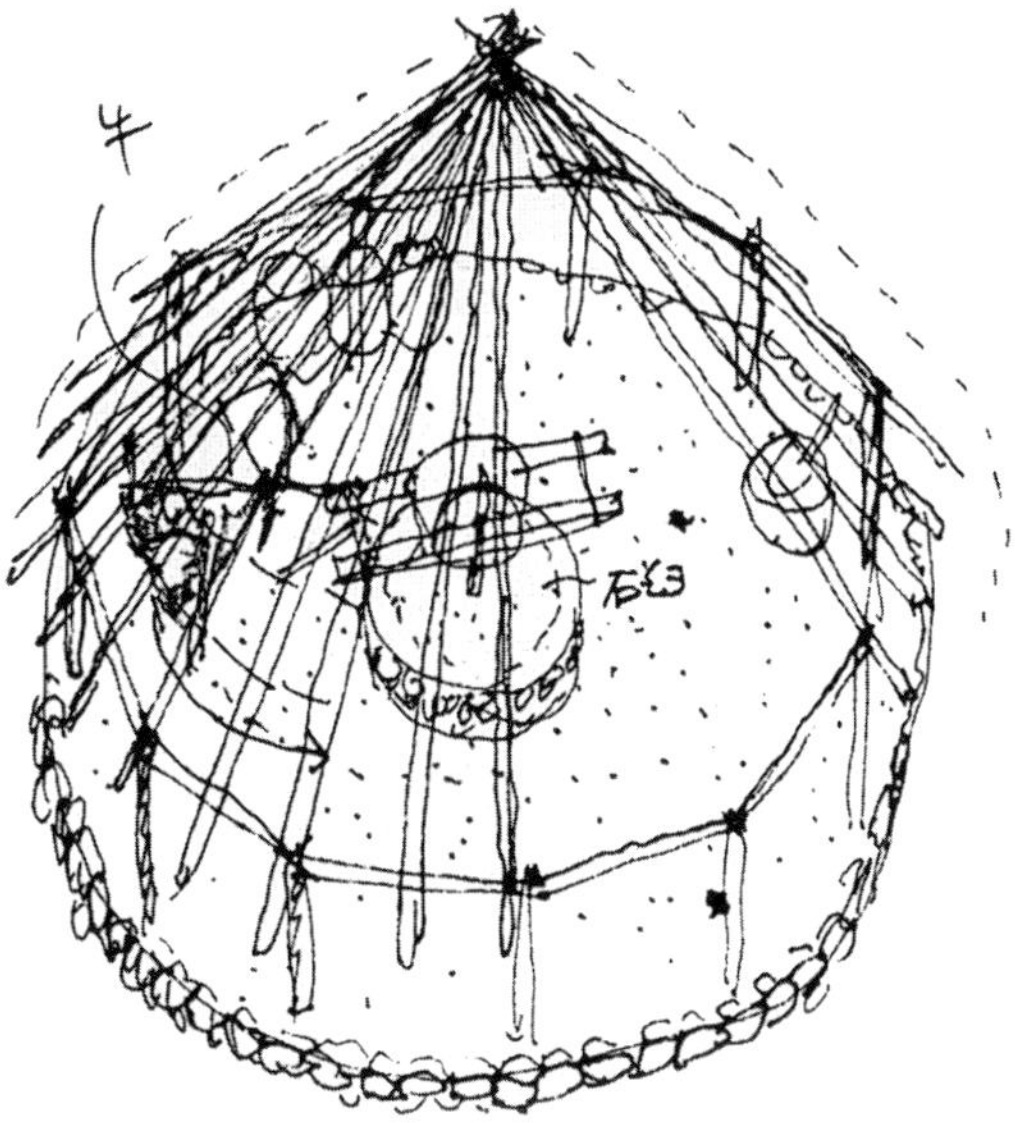

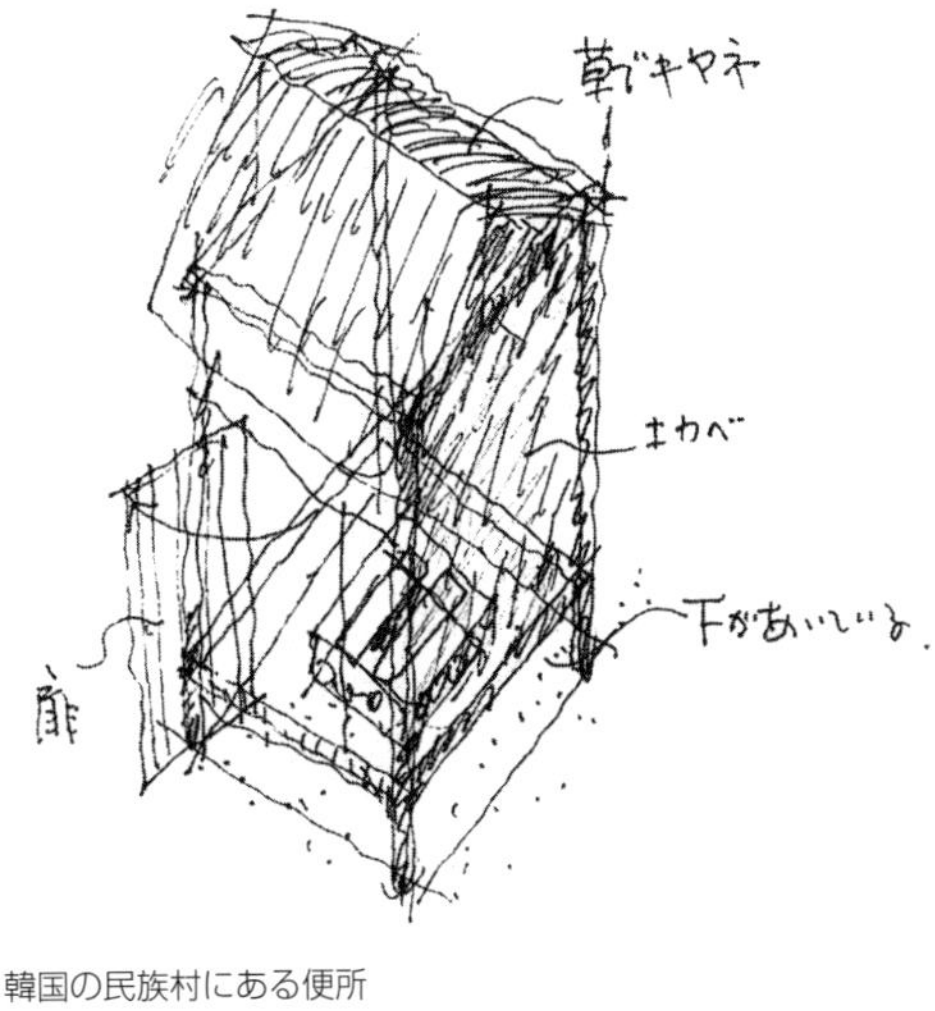

韓国の民族村にある便所

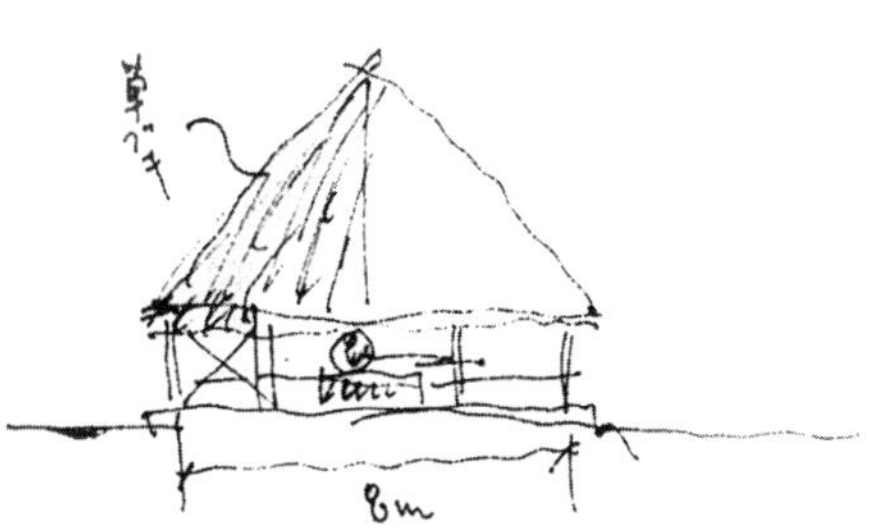

韓国の牛引き石臼小屋

描くことはデザインすること

建築ばかりでなく、モノを新しく創造していくとき、最初は頭の中に浮かんだイメージを紙に描いて検討を加えます。そのような下図を建築の世界ではスケッチ、または**エスキース**といいます。

そのエスキースがイメージした形や空間が正確に描けていなければ、イメージはそこで萎《しぼ》んでしまうかもしれません。一つのスケッチからそれを下敷きにして、**イメージを触発**し、次から次へと造形を発展させていく手助けをするのがスケッチなのです。

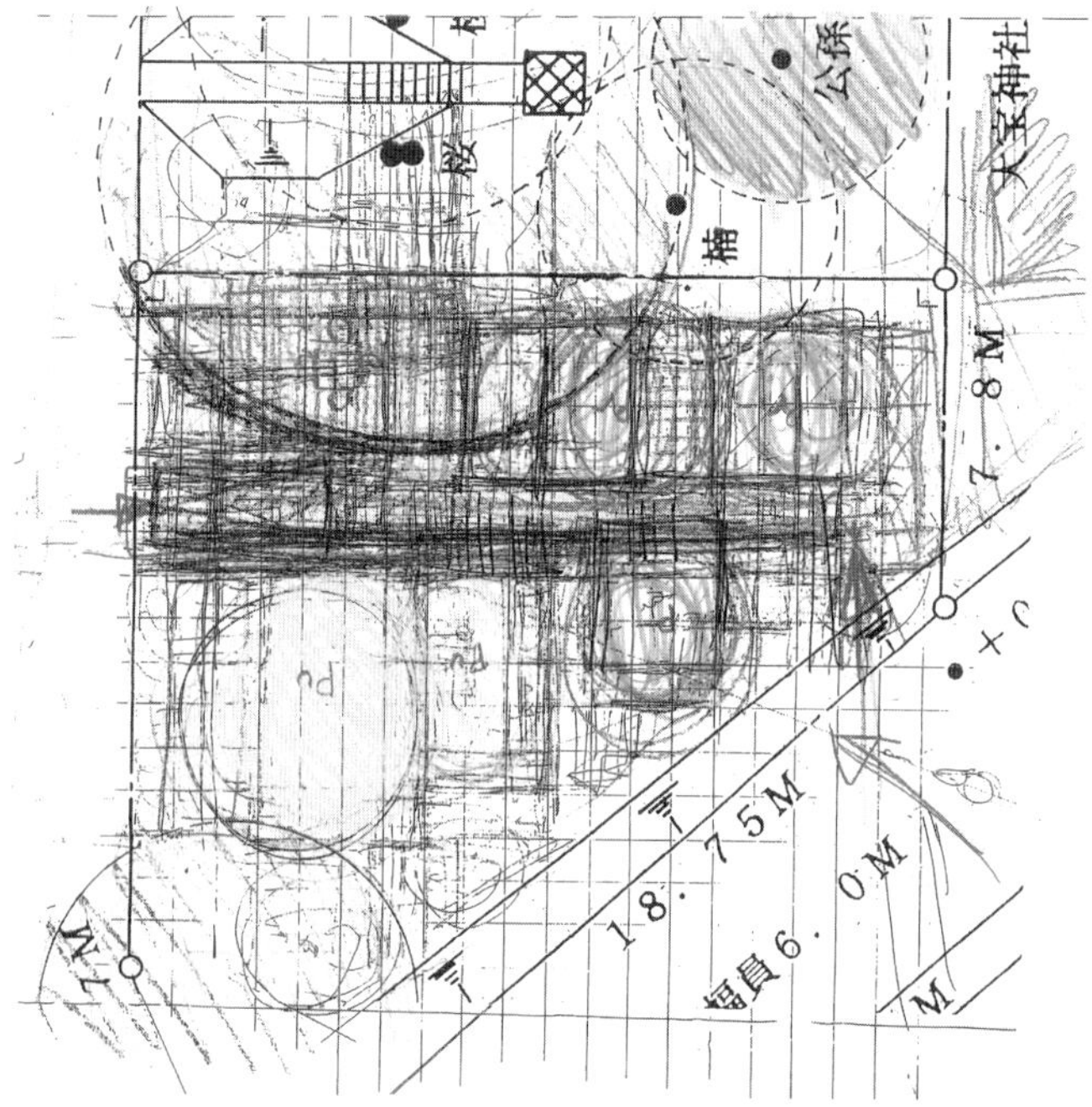

住宅のエスキース　第一段階／空間のゾーニングを考える

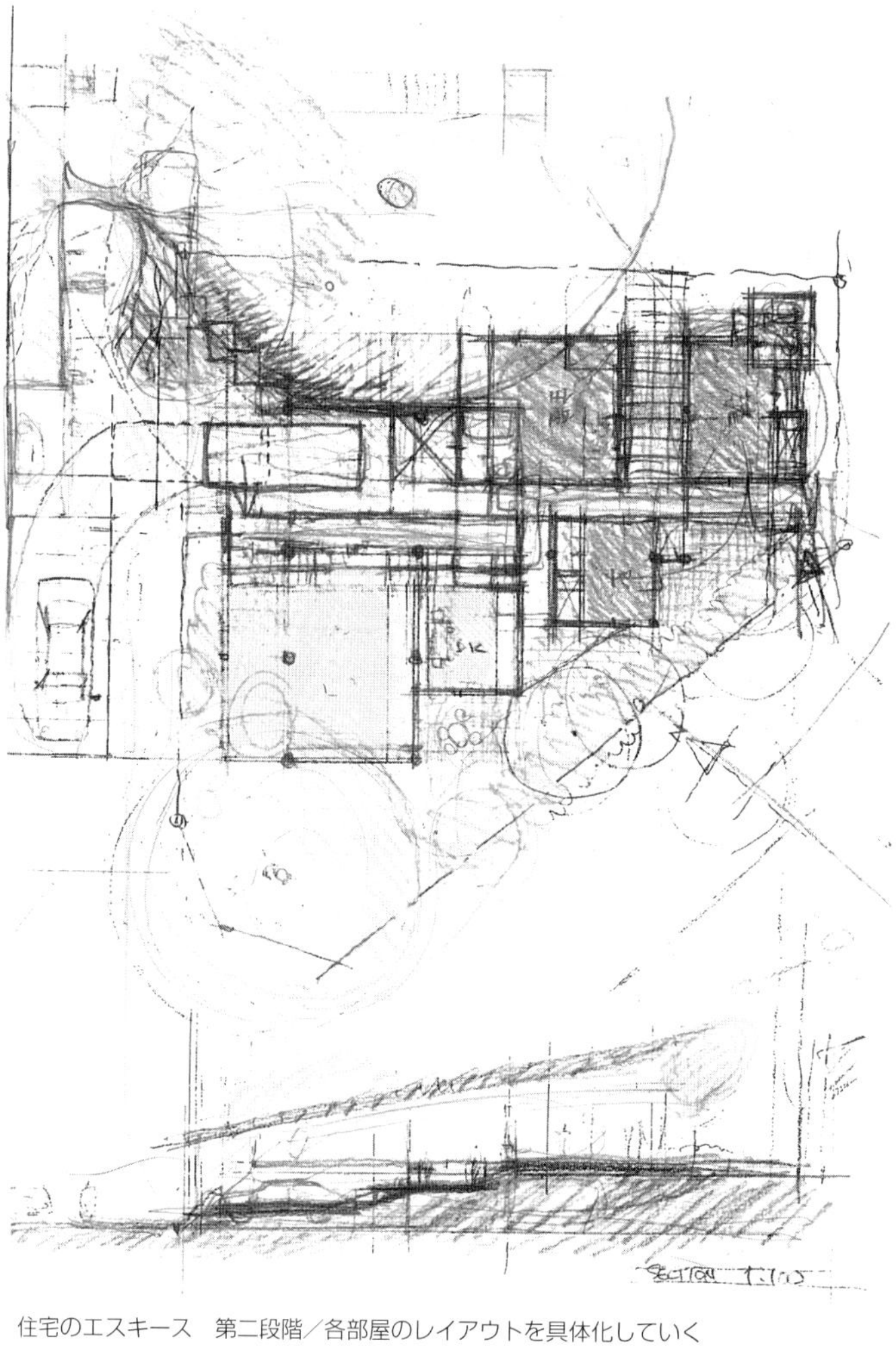

住宅のエスキース　第二段階／各部屋のレイアウトを具体化していく

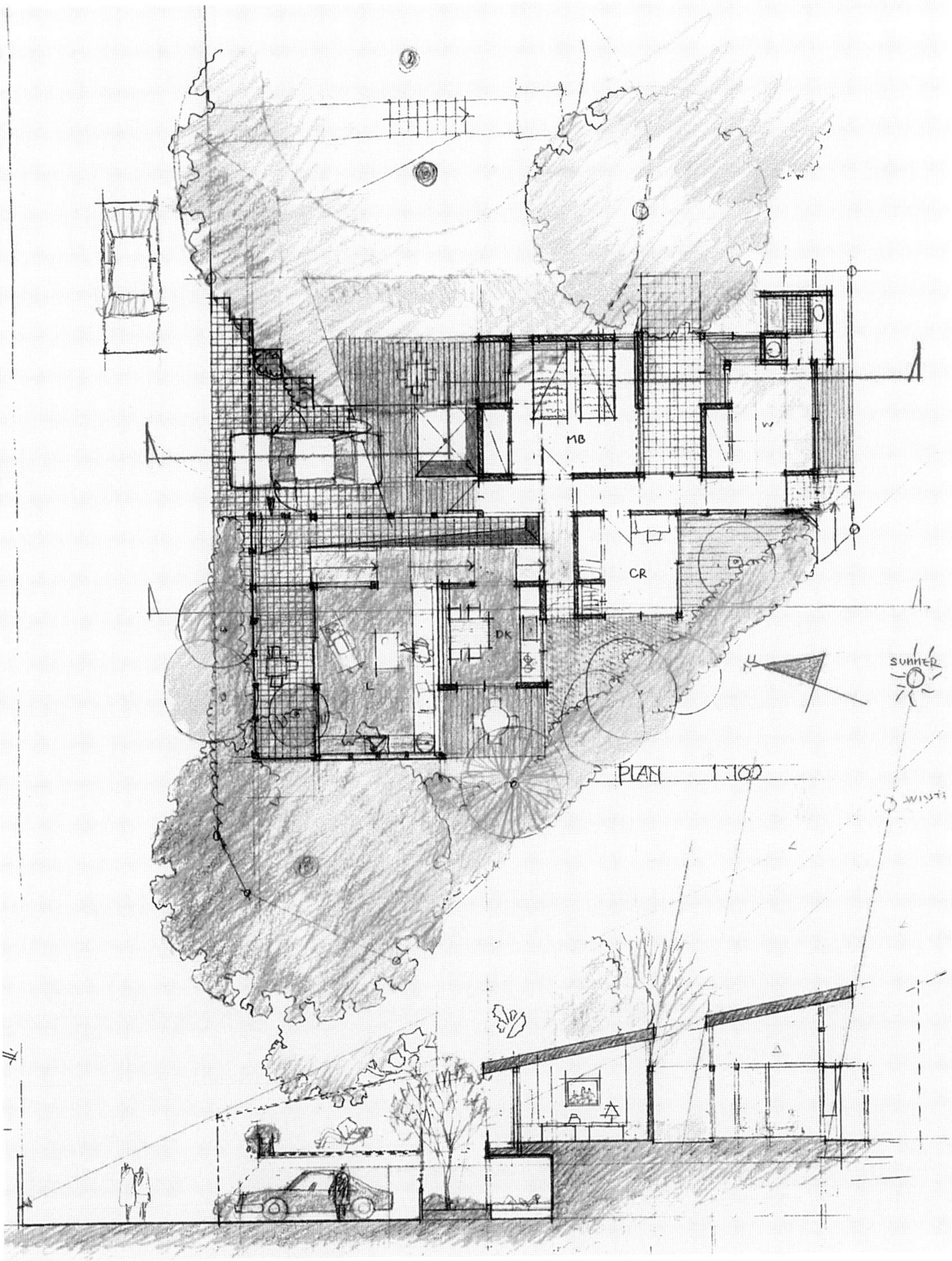

住宅のエスキース　最終段階／平面図と断面図などから、建築としての整合性を与え、機能や用途を表現する

テラス空間を立体的に描いて検討するためのエスキース

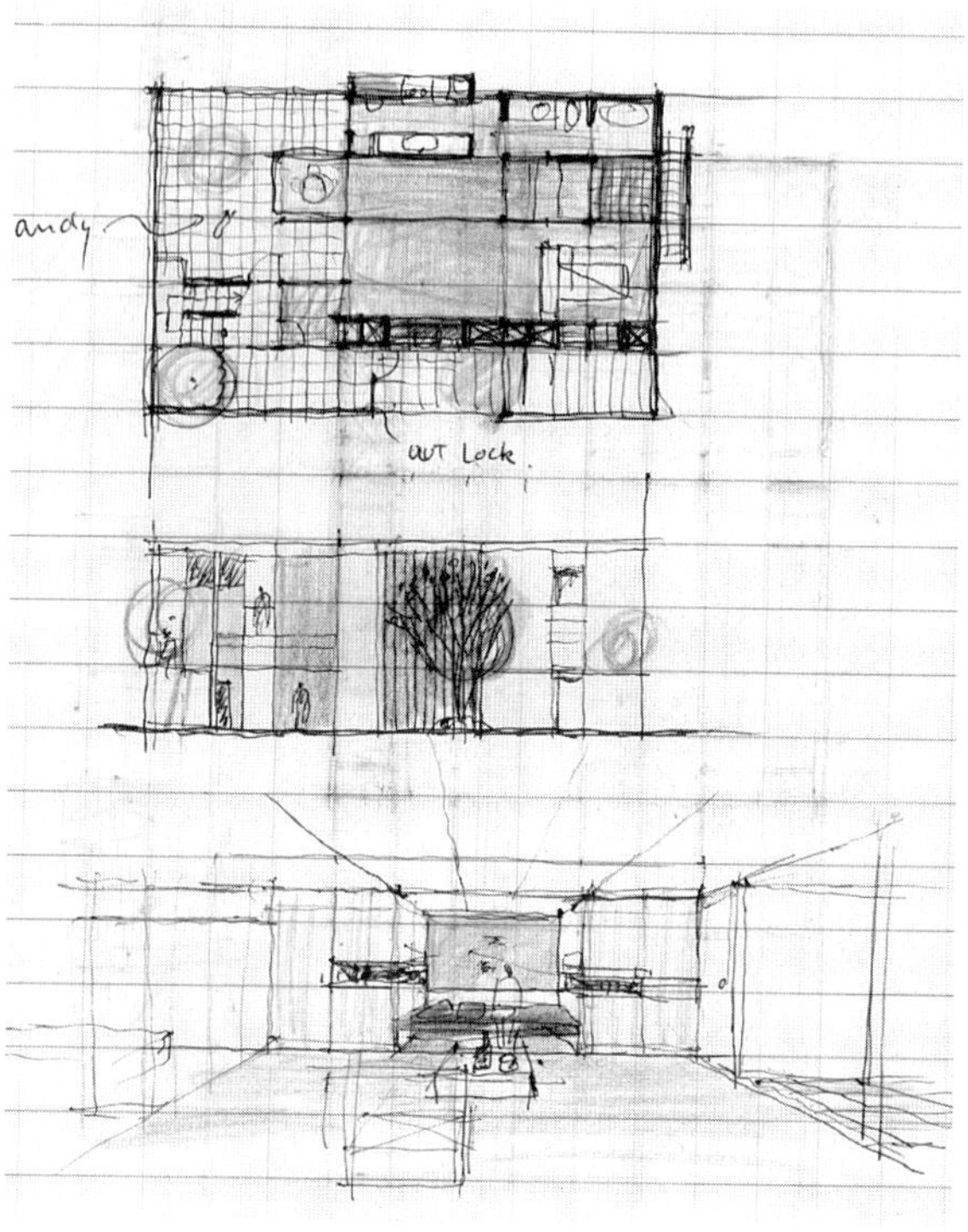

平面図、立面図、内部スケッチによる住宅のエスキース

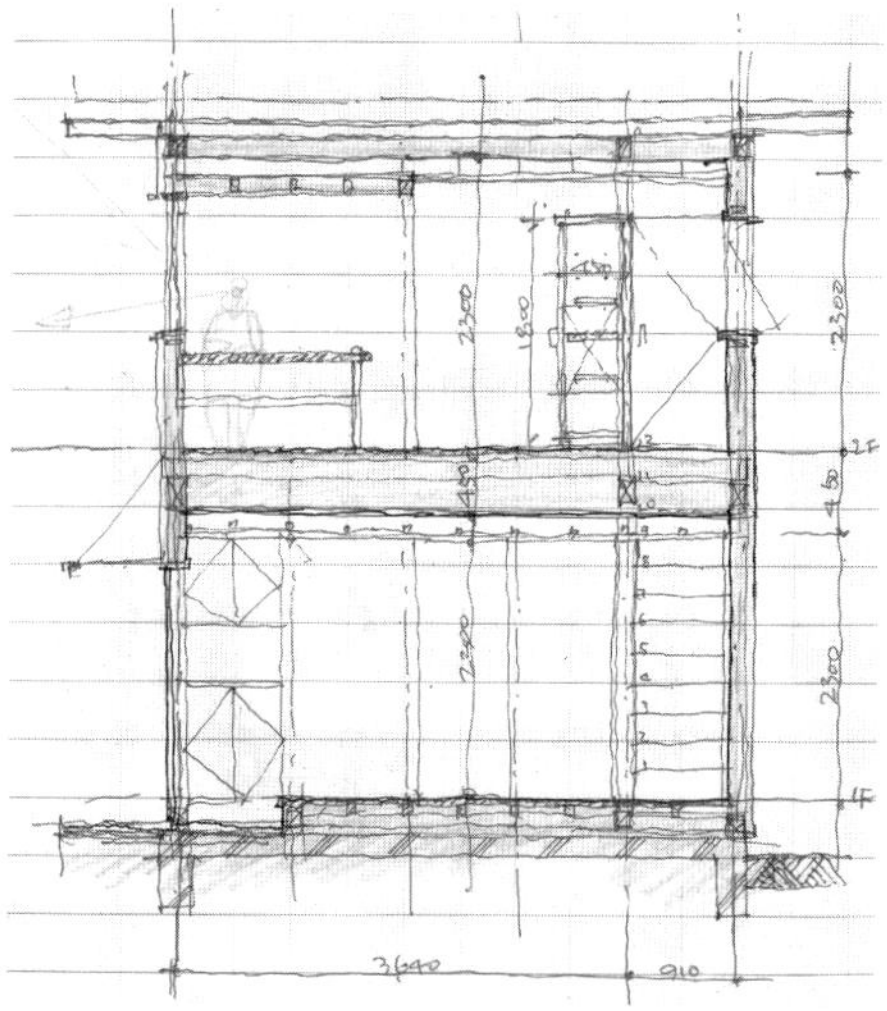

断面図による構造と高さの検討

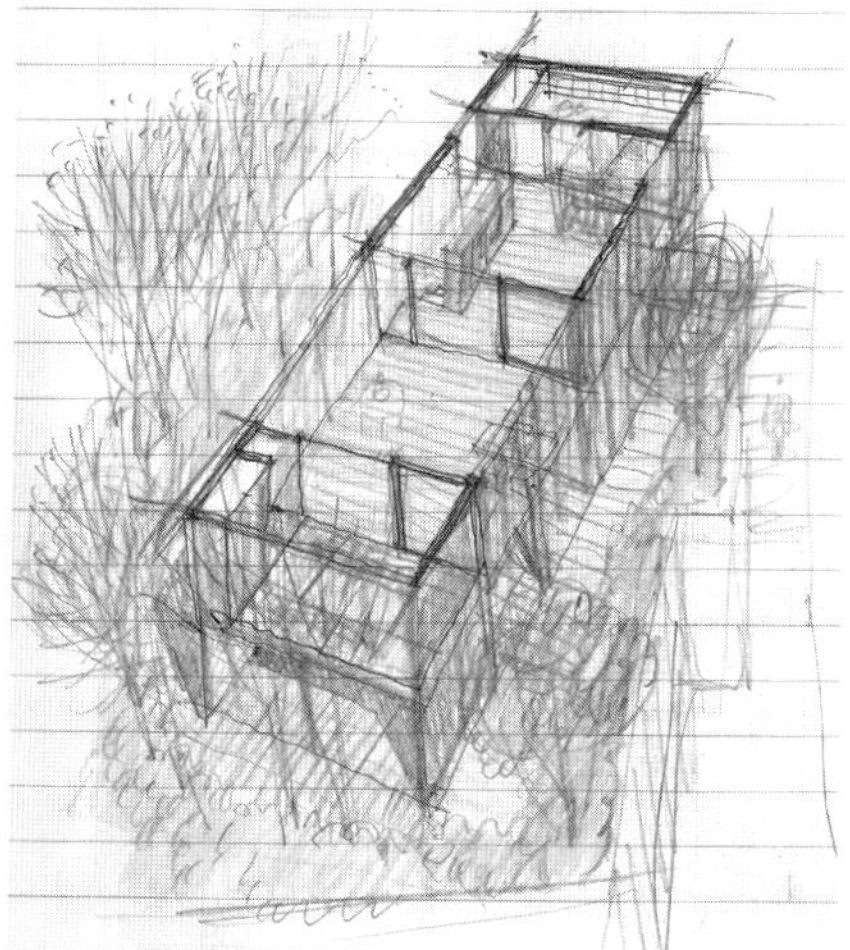

住宅の透視図エスキース

第2章 スケッチ上達の早道

スケッチがうまくなるためには、二通りの方法があります。
よいスケッチを見ることと、スケッチをたくさん描くことです。
ですから、たとえわずかな時間でも、
手を動かす習慣をつけ、楽しみながら描くことです。

線にも命がある

スケッチは生き物でもなく、線に生命が宿っているわけでもないのに、**線が生きている**、**死んでいる**などという表現をします。

さらに、ときには料理のように、**味がある**、**味気がない**などという表現もします。

生きた線とは、形に命を与え、モノを生き生きと表現する躍動感にあふれた線を指します。恐れることなく、力強い線を引いてみてください。

粗目の画用紙に鉛筆で描く（木曽馬籠峠宿の倉）

軟らかい鉛筆で勢いよく描く（自転車）

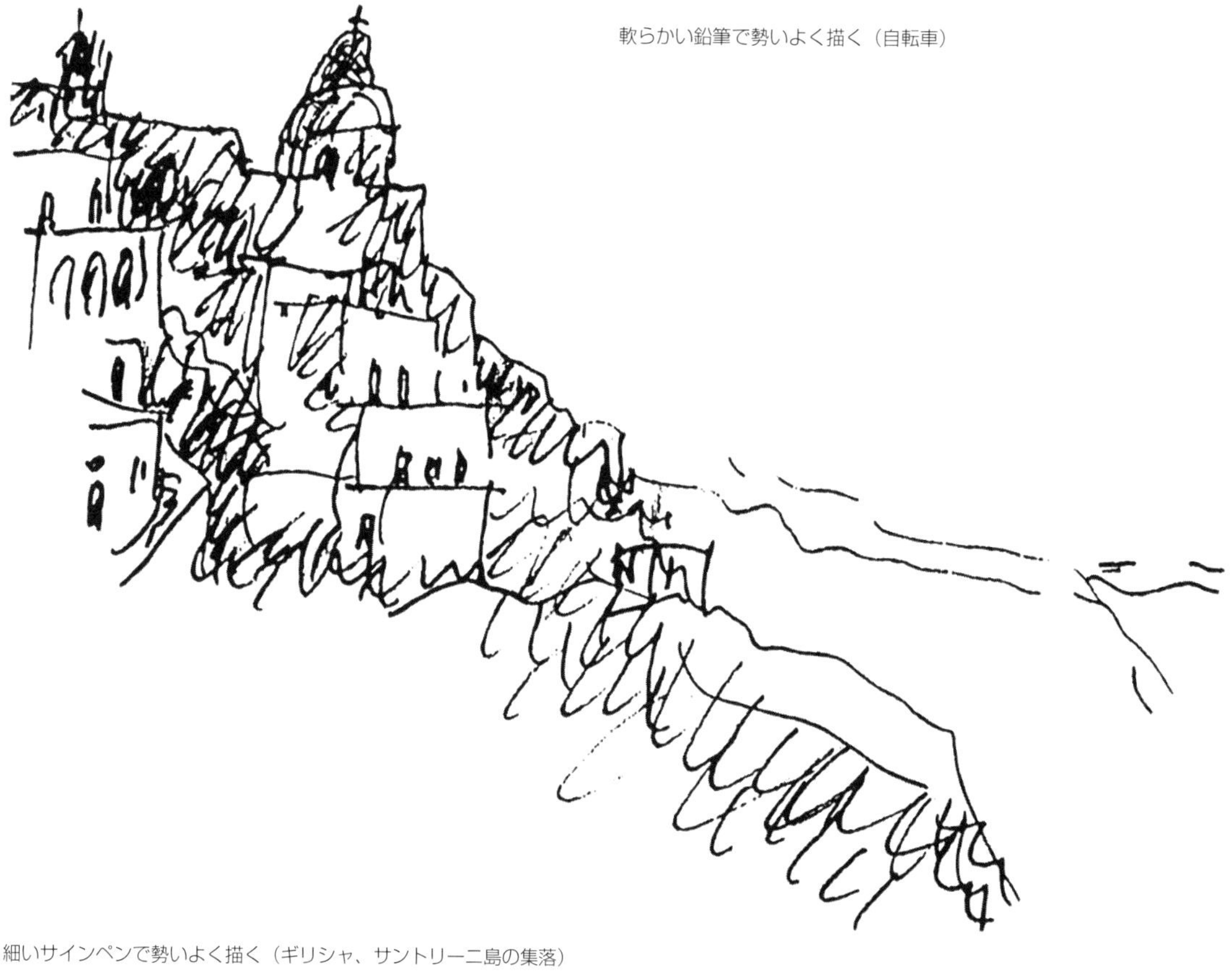

細いサインペンで勢いよく描く（ギリシャ、サントリーニ島の集落）

料理と同じように味がある

また、味のある線とは、均一ではないのに、だれにも真似のできない個性的な線を指します。

反対に、CADで引いた線は真っ直ぐで、太さも均一で申し分のない線ですが、**味も素っ気**もない線といえます。

そのような生きた線や味のある線を引けるようになる秘訣はただ一つ、**たくさん線を引く**ことです。それもただ勢いよく乱暴に引くのではなく、ゆっくり丁寧に心を込めて描くことを忘れず、何度も繰り返し練習してください。

粗目の画用紙に鉛筆で描く（イタリアの古代都市、ポンペイの遺跡）

細いサインペンで大まかに描く（飛騨白川郷の合掌造り集落）

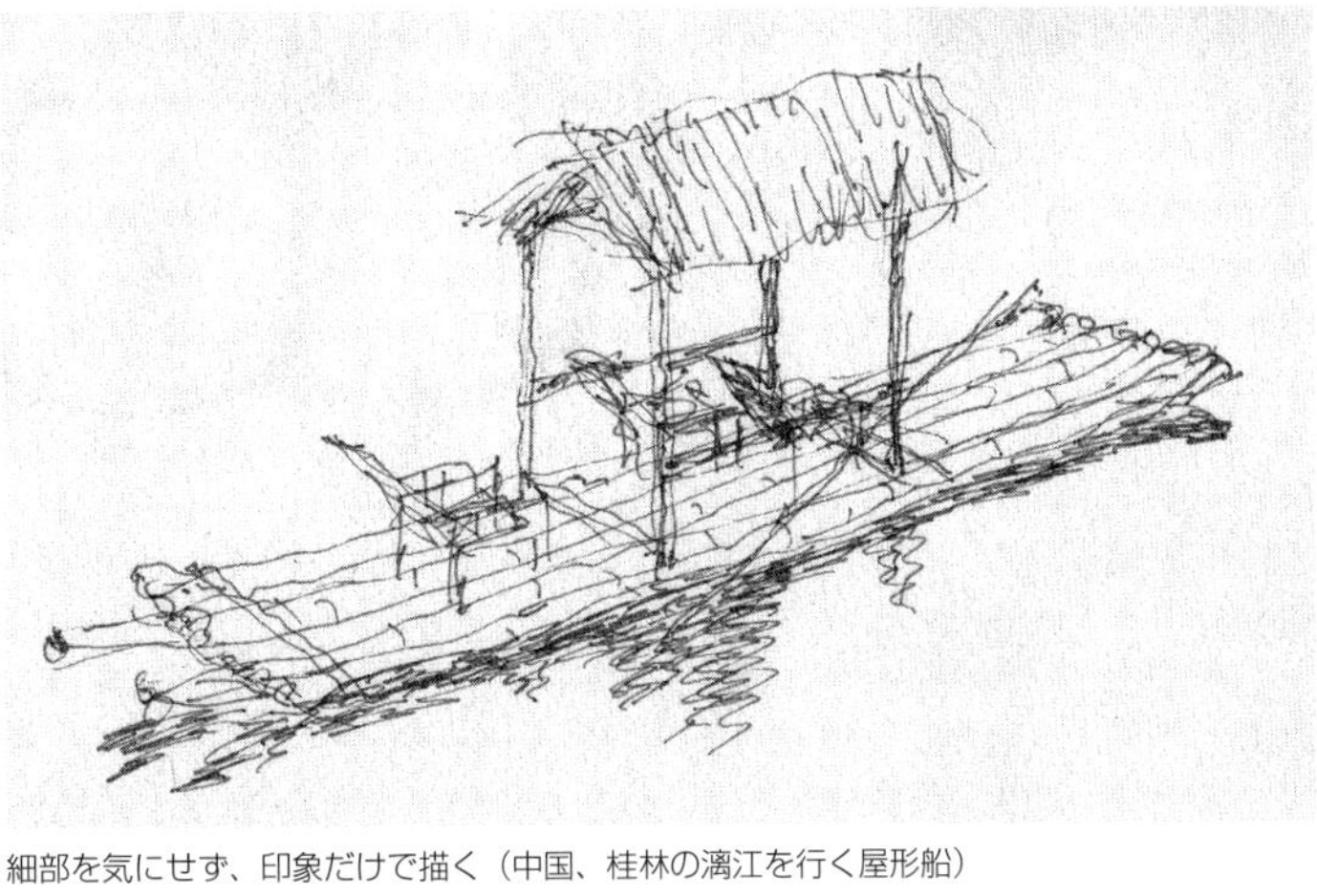

細部を気にせず、印象だけで描く（中国、桂林の漓江を行く屋形船）

いつでも、どこでも、何でも……

まずは紙と鉛筆を用意して、手を動かす練習をしましょう。形が狂っていようと線が曲がろうと擦《かす》れようと、気にすることはありません。形を正確にとらえること、上手に描こうとする気持ちを捨て、**素直な気持ちで勢いよく**描いてみてください。上手に描こうとする気持ちが強すぎると、線が死んでしまうのです。線を生かすも殺すもあなたの気持ち次第です。

描こうとする**モチーフ**はあなたの好きなものがよいのですが、複雑な形より単純なものがよいと思います。身近にある家具や照明器具などもよいでしょう。このとき、細かいところは気にせずに、大雑把に形をとらえるだけでよいのです。

まずは、描くことが大切です。

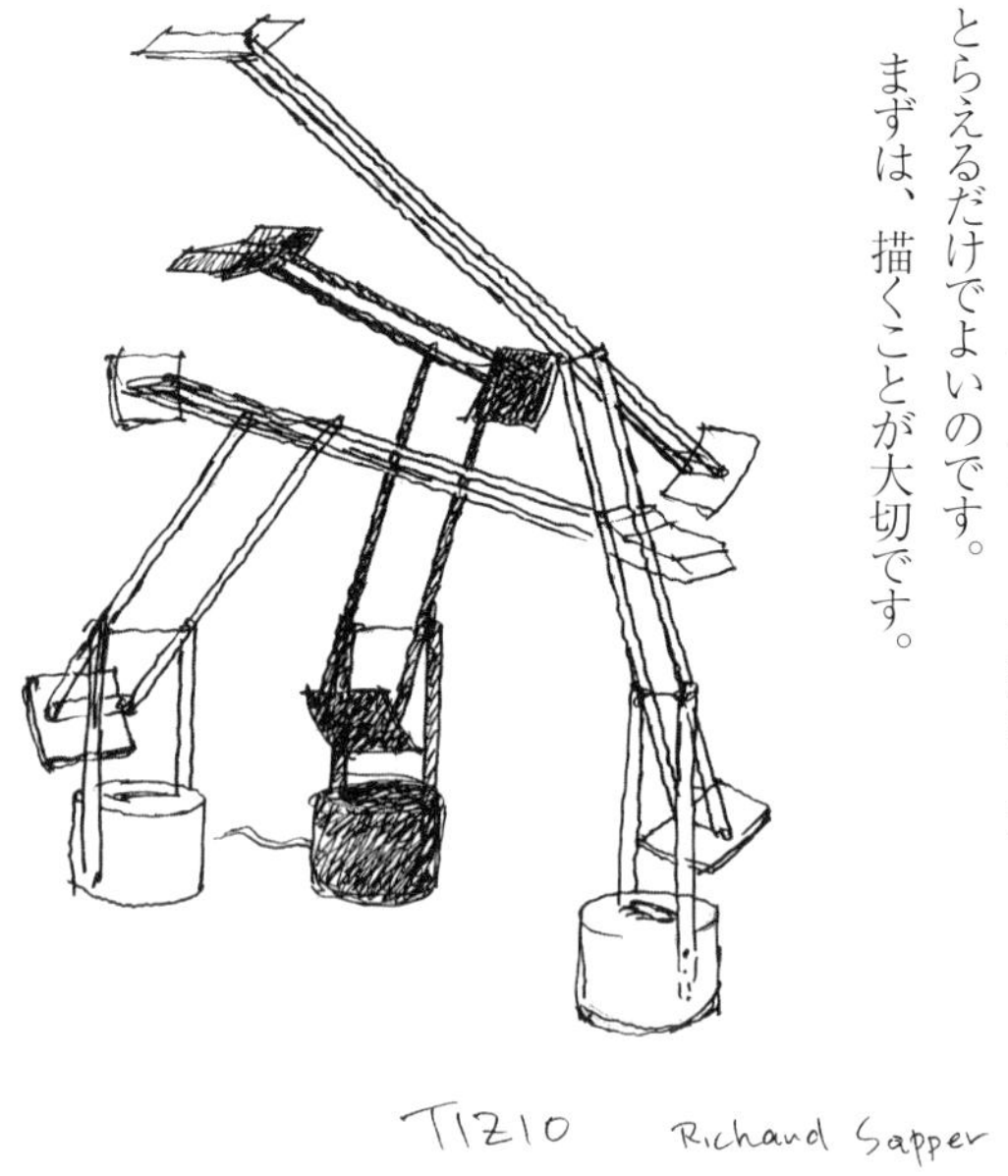

優れたデザインのモノを描いてみる（Richard Sapper の照明スタンド）

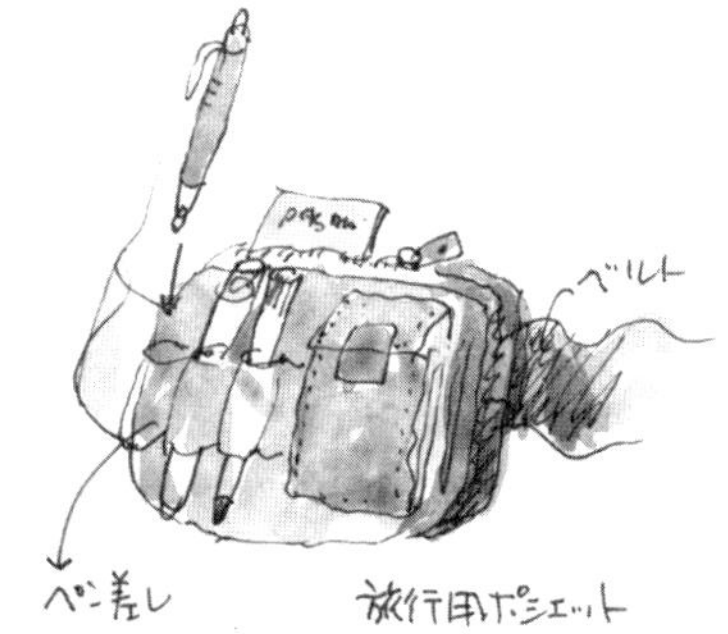

身近なモノを描いてみる（旅行用ポシェット）

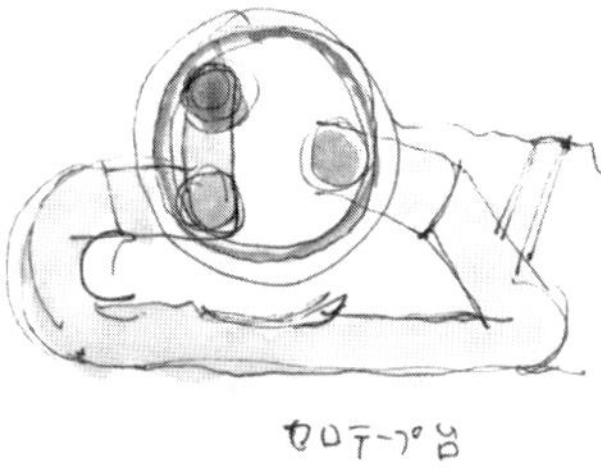

面白いデザインのモノを描いてみる（セロテープ台）

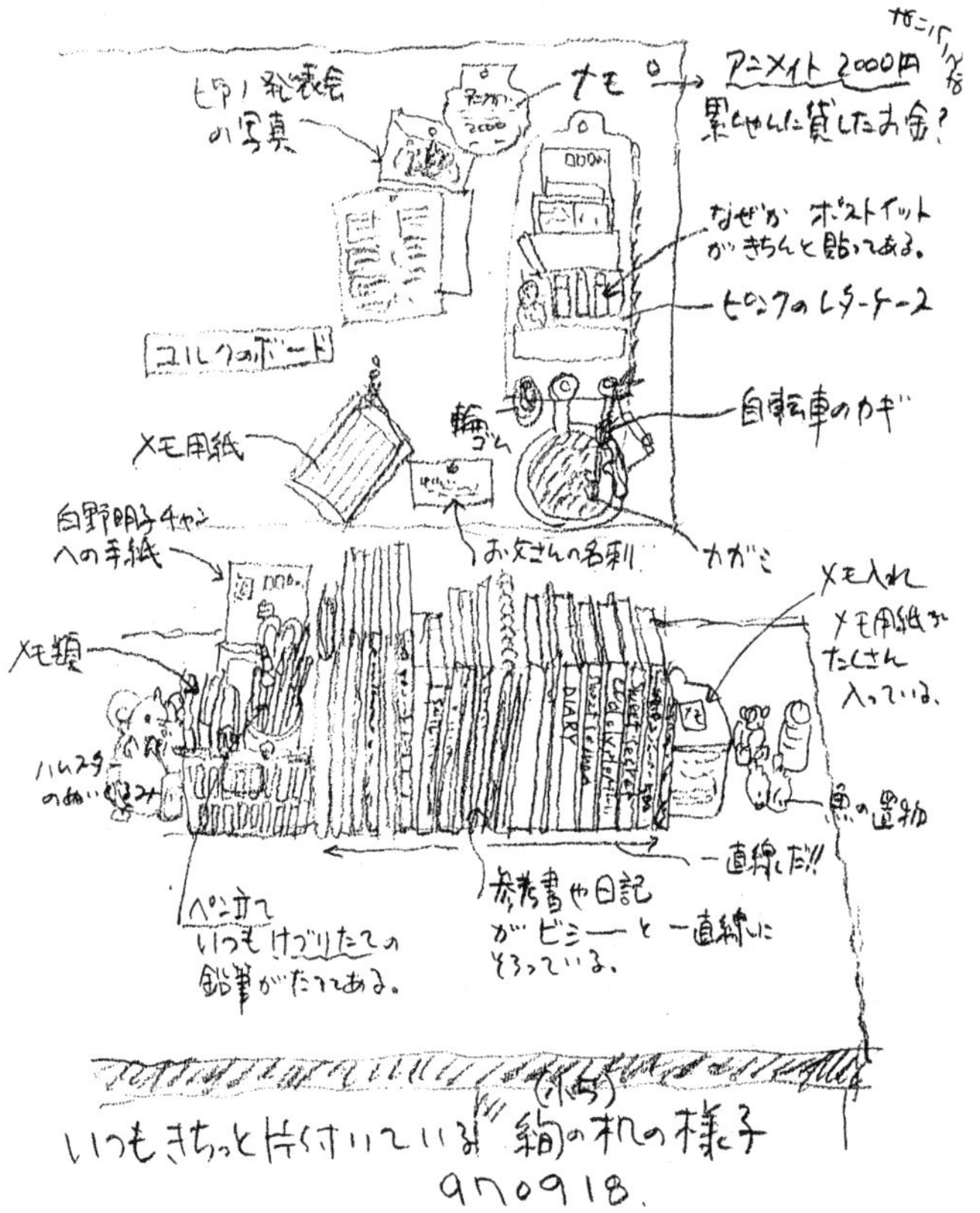

潔癖性の娘の机の様子

身近な生活用具をスケッチする

まずは、遊び心と真心で

まずは、スケッチを上手に描こうとするよりも、**楽しむこと**が大切です。それにはちょっとした遊び心やいたずら心を採り入れて、スケッチを好きになることが必要です。「好きこそものの上手なれ」という諺《ことわざ》があるとおり、好きなことは何事も上達が速いものです。

クリスマスカードやバースデーカードなどのグリーティングカードを、手描きで描いて見てください。描くモチーフは花一輪、ワインボトルなど、身近にあるやさしい形のものでよいのです。それにしゃれた一言を書き添えれば、どこにもない**世界でただ一つのカード**であり、間違いなく贈られた人の心を打つに違いありません。

またときには、レストランやカフェのコースターをスケッチブック代わりにするのも二人のよい思い出になります。

また、愛読する文庫本の余白に、内容に沿った情景を描いてみると、世界でただ一冊の自分だけの挿絵入りの本になります。もちろん**著者に対する敬意**の気持ちを忘れてはいけません。

日頃使っている絵の具を、心を込めて描いて贈る（ホワイトデーのためのカード）

二人の思い出のために（コースターの裏に描いたスケッチ）

身近なモノを題材に（バースデーカードやクリスマスカードなど）

文庫本に挿絵を描いて、自分だけの本にする

世界にたった一冊の手作り絵本を描いてみる

手作りの便箋の便りは、送り主の温かい気持ちが伝わる

包装紙も、ときには思い出深いスケッチ帳になる

椅子を正しく描く

自由に描くことに慣れたら、今度は**形を正しくとらえる**練習をしましょう。モチーフは身近にある椅子がよいと思います。椅子の正面図を描き、適当な位置に焦点をとり、背の部分を基準にして座を前面に出して描きます。

椅子を描いてみると、部材の組み方や太さ、また全体のプロポーションなどが理解できます。よい椅子は機能的にも力学的にも、理にかなっていることがよくわかります。

ここに九脚の椅子があります。中央の椅子の座の部分に焦点を決めます。座の部分に奥行きを与えると、椅子の位置によってさまざまなアングルが描けます。

焦点の位置によって、形を正しく描けるように、また、描きたい構図にするにはどこに焦点をとればよいのかを練習してください。

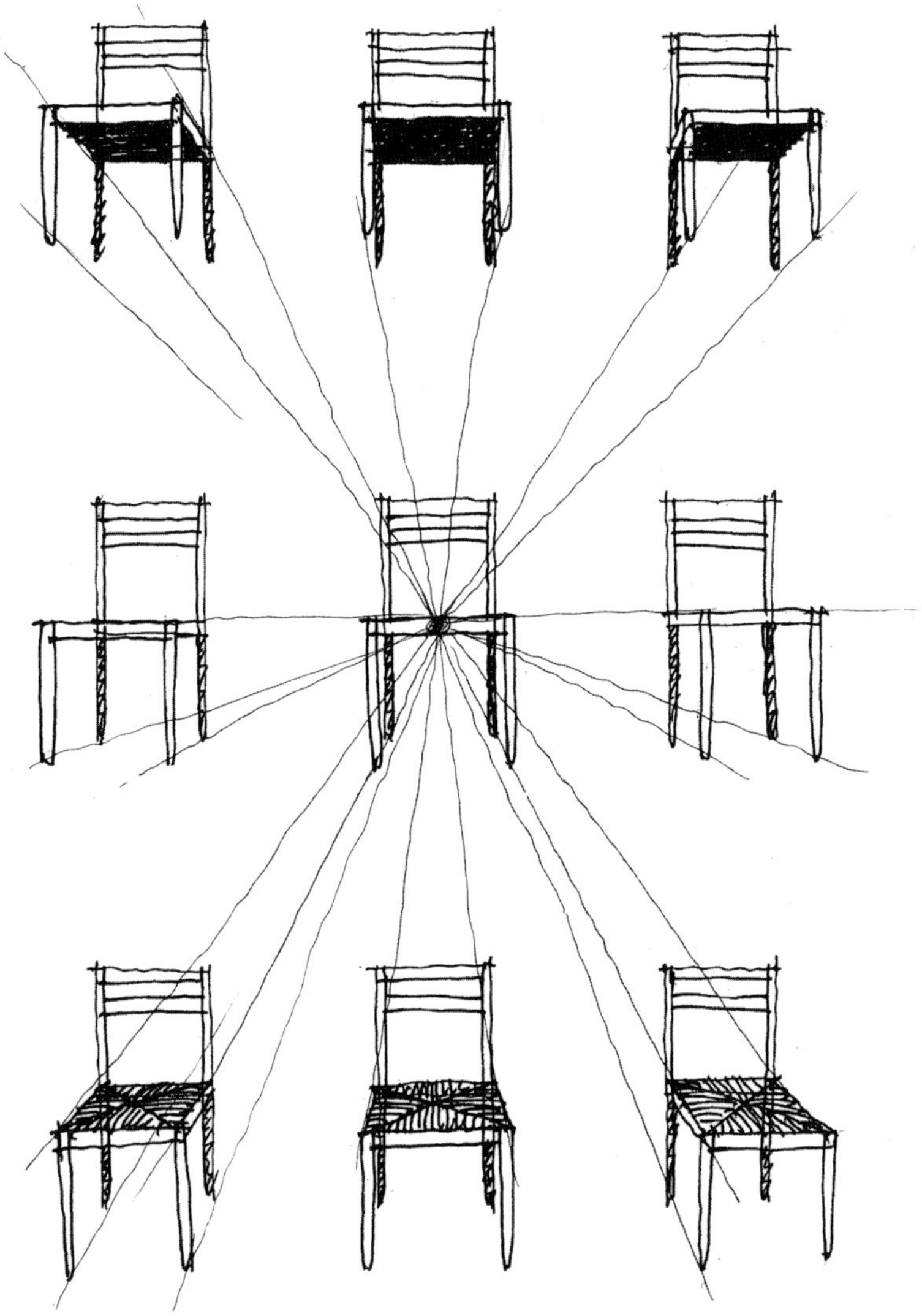

視点の位置によって椅子の見え方が変わる――モノの形を正確に把握する練習になる

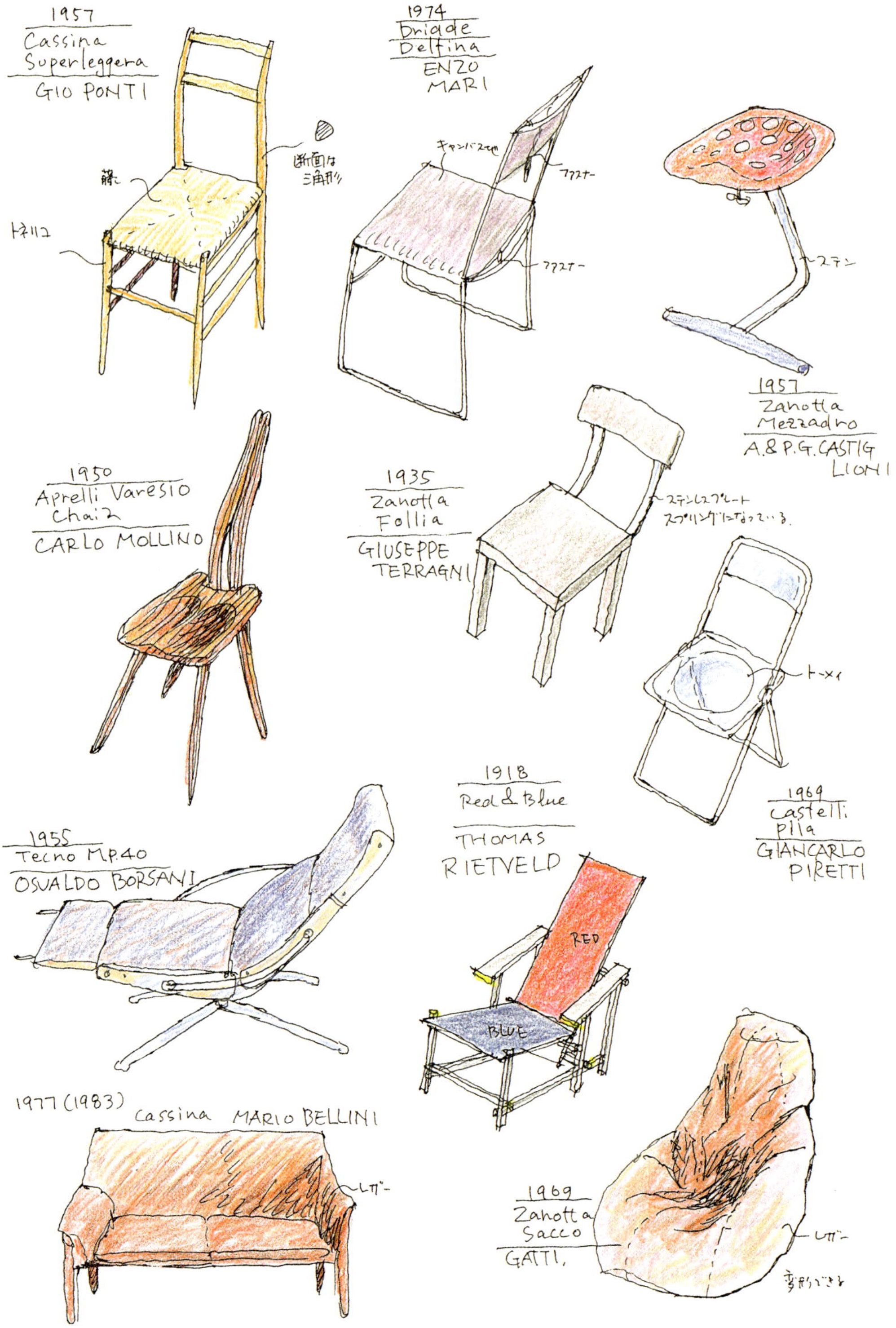

さまざまな角度から形を正しくとらえる練習（デザイナーによって設計されたいろいろな椅子）

第3章 旅はスケッチで

旅行はスケッチをする絶好の機会です。
見るもの聞くもの、新鮮な感動があるはずです。
その感動を素直に描いてみましょう。
うまい、へたにこだわらず、
その場に応じた自由な描き方でよいのです。

地図を描く

旅にはスケッチが似合います。旅に出かけるときには必ずスケッチブックを忘れずに。**建築を学ぶ**のも、**旅の思い出**を残しておくのにもスケッチが最適です。

まず、これから旅をする地域の地図を広げ、それを見ながらスケッチブックに地図と予定の道程《みちのり》を描いてみます。

こうして旅行の全行程の地図、または訪れる都市の地図をあらかじめ描いておくと、宿泊するホテル、見るべき場所などの位置関係、**距離**や**方角**などが頭の中に自然に入ります。

そして、現地に行ったとき、地図が頭に入っていると、迷うことも少なく、効率的に旅をすることができます。

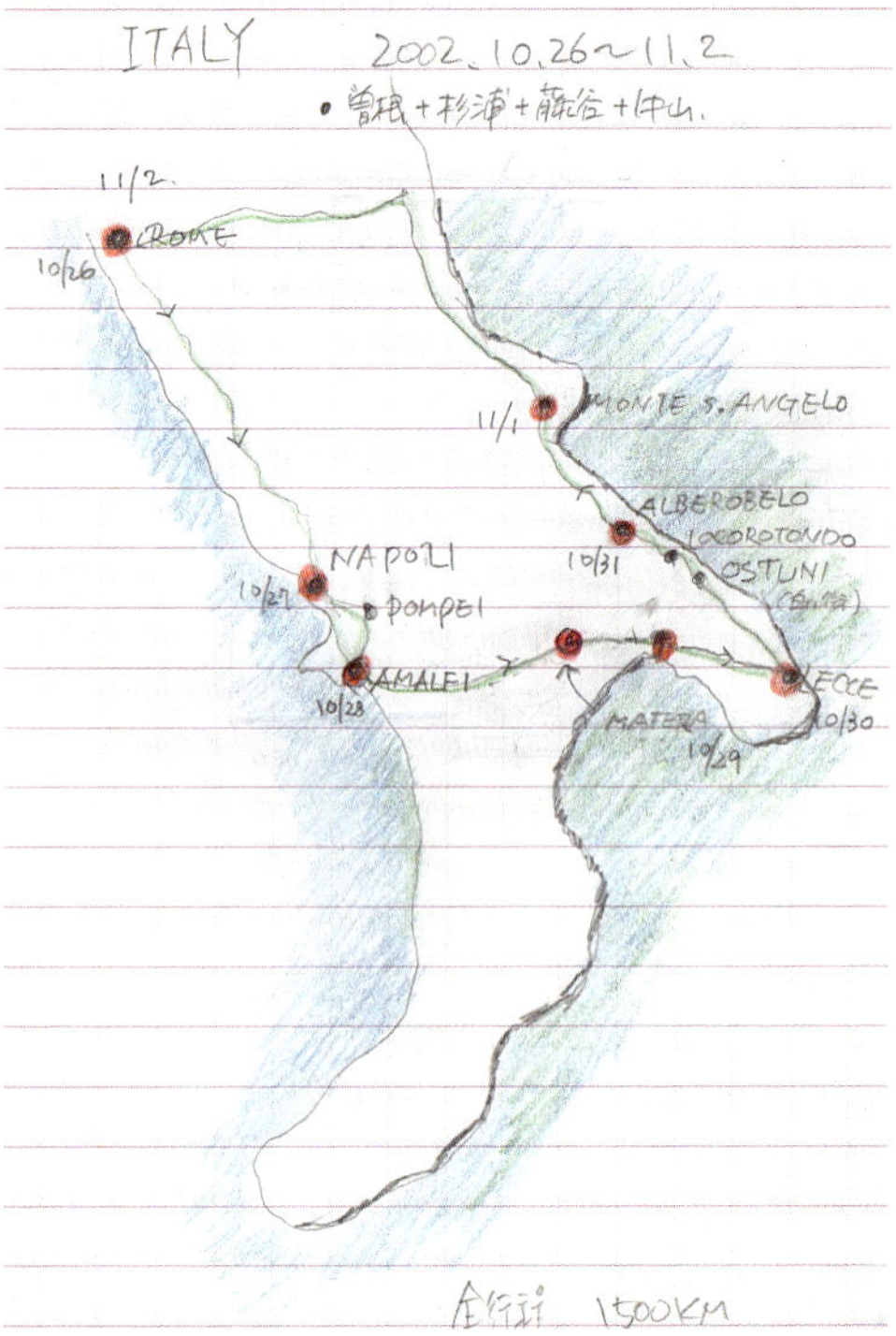

地図を描くことによって、旅のルートを記憶する
（南イタリアの地図）

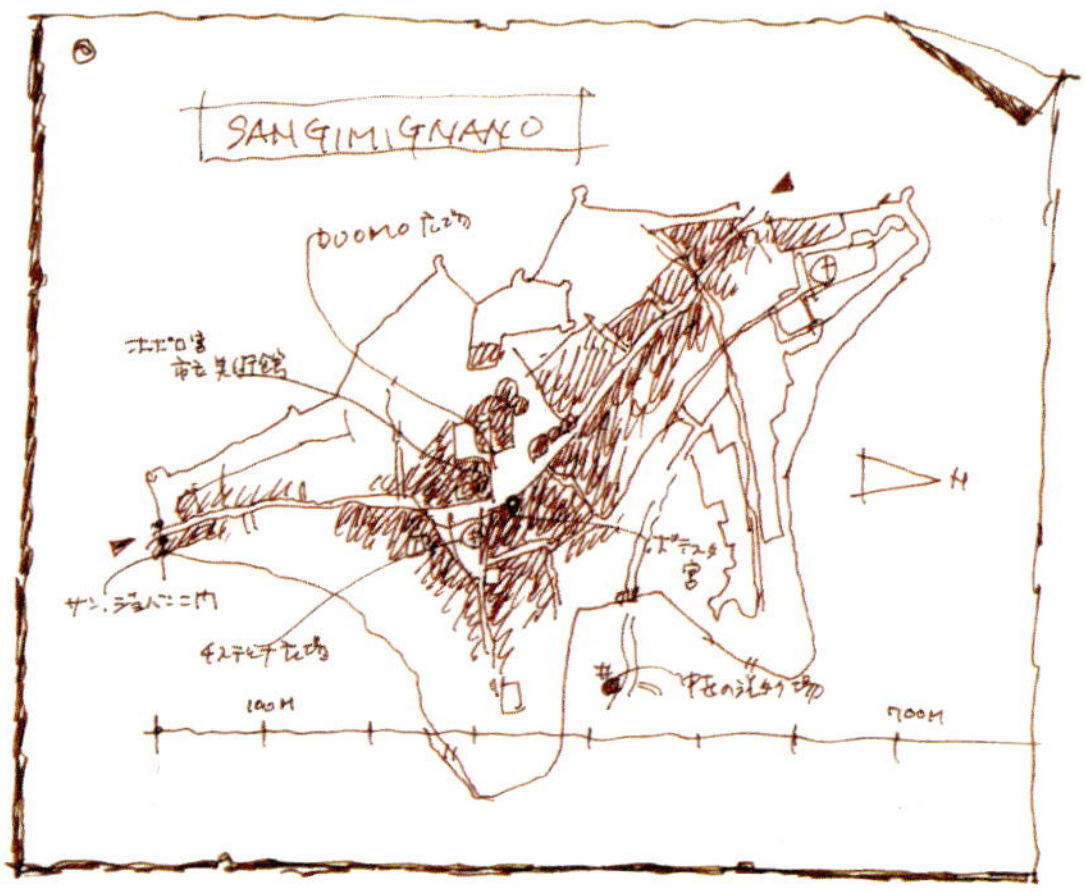

イタリア、サンジミニアーノの地図

タクラマカン砂漠東方の、シルクロードの地図

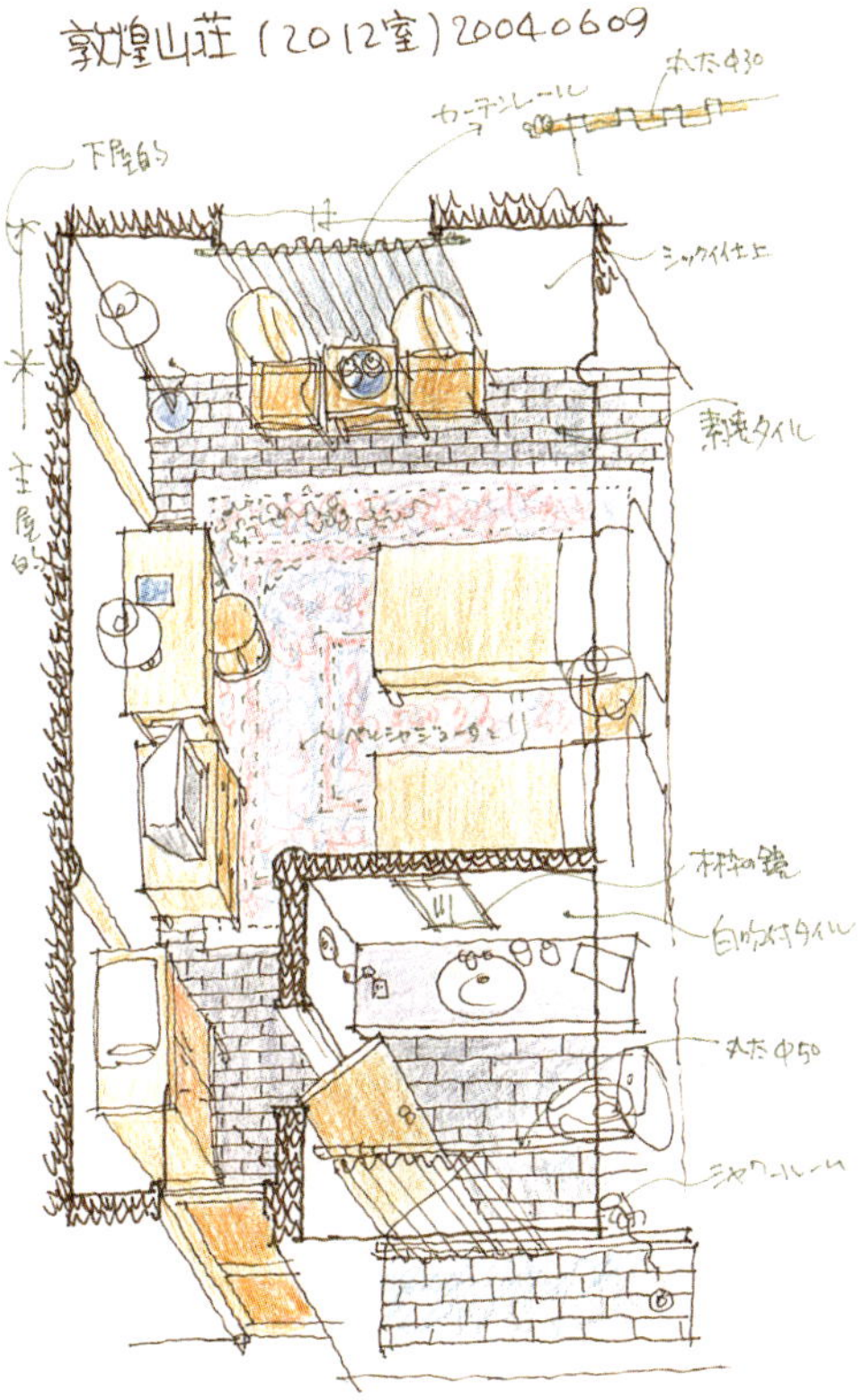

中国、敦煌のホテルのアクソノメトリック図

部屋を測る

ホテルへチェックインしたら、部屋を実測してみましょう。浴室、洗面所などの広さ、ベッドやデスクの大きさと位置などを測り、図にするトレーニングは、空間の**スケール感を養う**のに役立ちます。旅先での日記としても後々楽しいものになるはずです。

もちろん、ホテルの部屋ばかりでなくロビーの坐り心地のよい椅子や、居心地のよいポケットパークなどを実測することは、将来実際にそうした形や空間を設計するときに役立ちます。

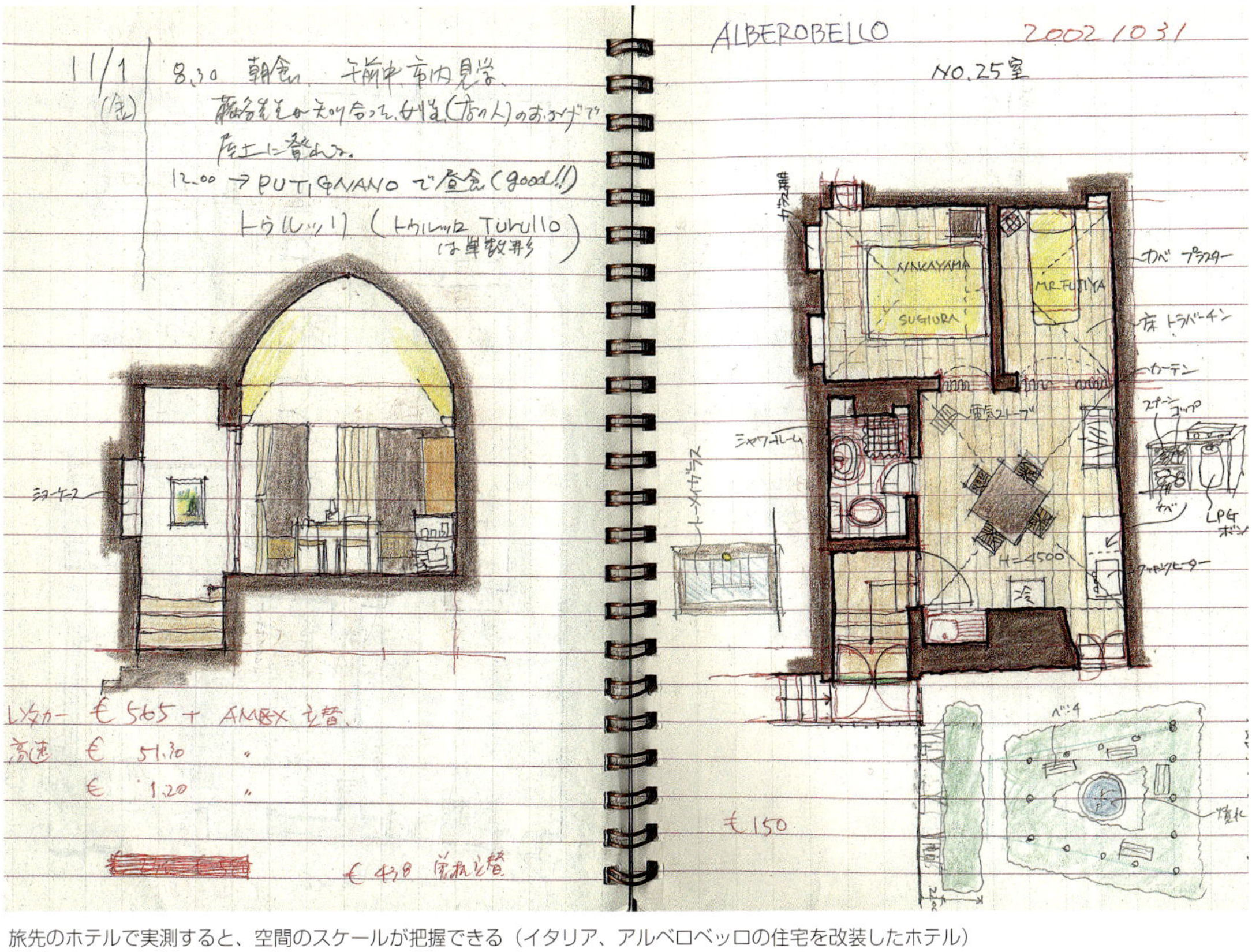

旅先のホテルで実測すると、空間のスケールが把握できる（イタリア、アルベロベッロの住宅を改装したホテル）

サーヴェイをする

○○○

サーヴェイとは、建築や集落などを**実測調査し、図面化、分析する研究手法**をいいます。

豊かな空間をイメージし、創造するためには、**デザインボキャブラリー**（語彙《ごい》）を頭の奥底にたくさんストックしておくことが大切です。

基本的に私たちは見たことのないものは、イメージできませんから、新しい空間や建築を創造していくためには、さまざまな建築の様式や素晴らしい空間を経験しておくことが不可欠です。たくさんの言葉と語彙を知らなければ、奥深く心打つ美しい文章を書くことができないのと、同じことです。それにはスケッチをすることが効果的です。思い出してください、私たちは小学生の頃、漢字を覚えるのにも、また、英語のスペルを覚えるときも、一つの言葉を何度も何度も紙に書いて、手で覚えました。それはその方法が最も効果的だからです。旅先の記憶を留めるのに、カメラのシャッターを押して、「ハイ終わり！」では、せっかく感動を受けた景色や建築を記録はできたものの、私たちの記憶からはすぐ消えてしまいます。

そのように、スケッチするという作業は、現実に目の前に存在する空間や形を**実体験**することにより**記憶**でき、同時に**記録**もできるという、二つの利点があります。

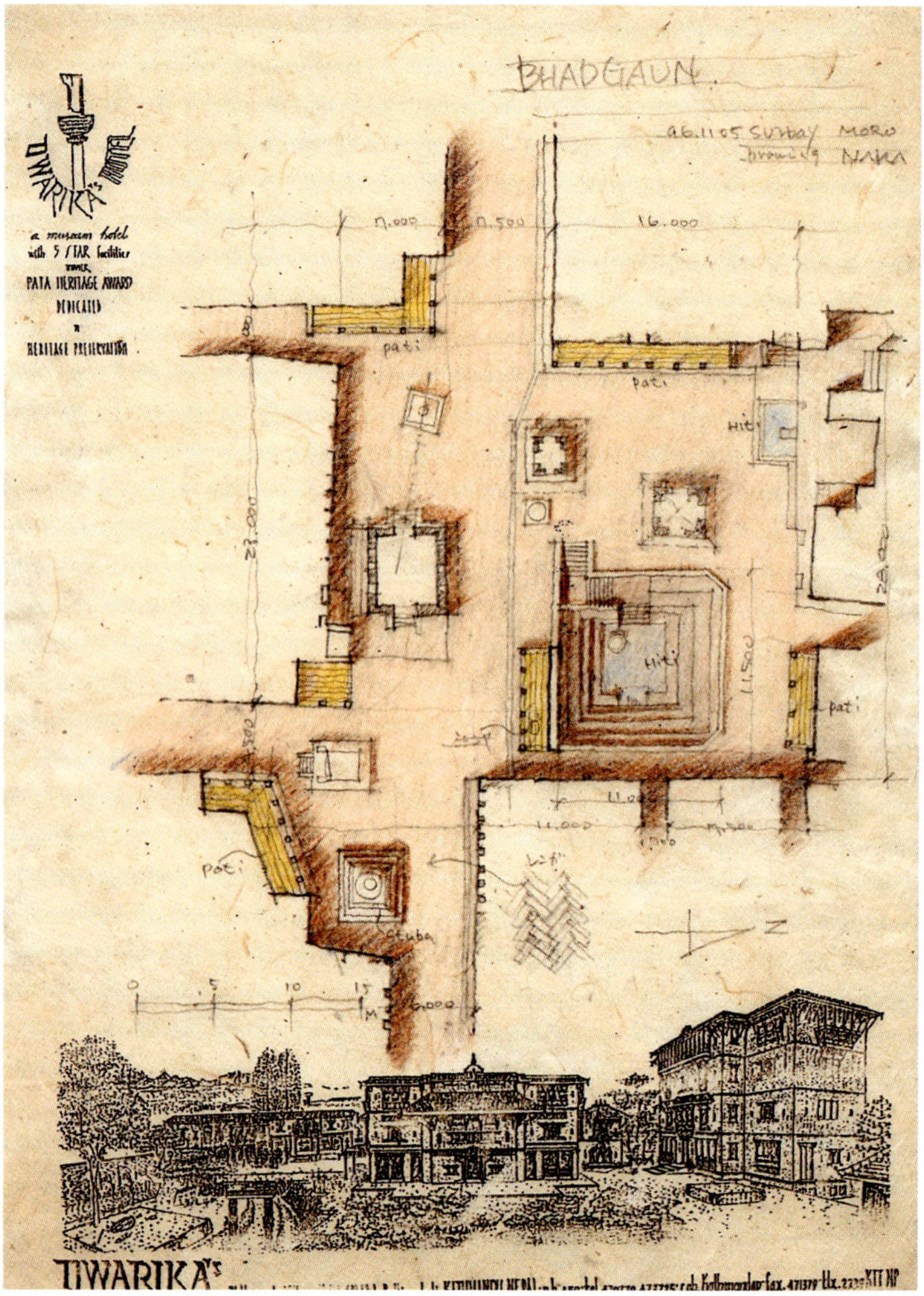

旅先のホテルに備えられた便箋に描いた実測図（ネパール、バドガオンの広場）

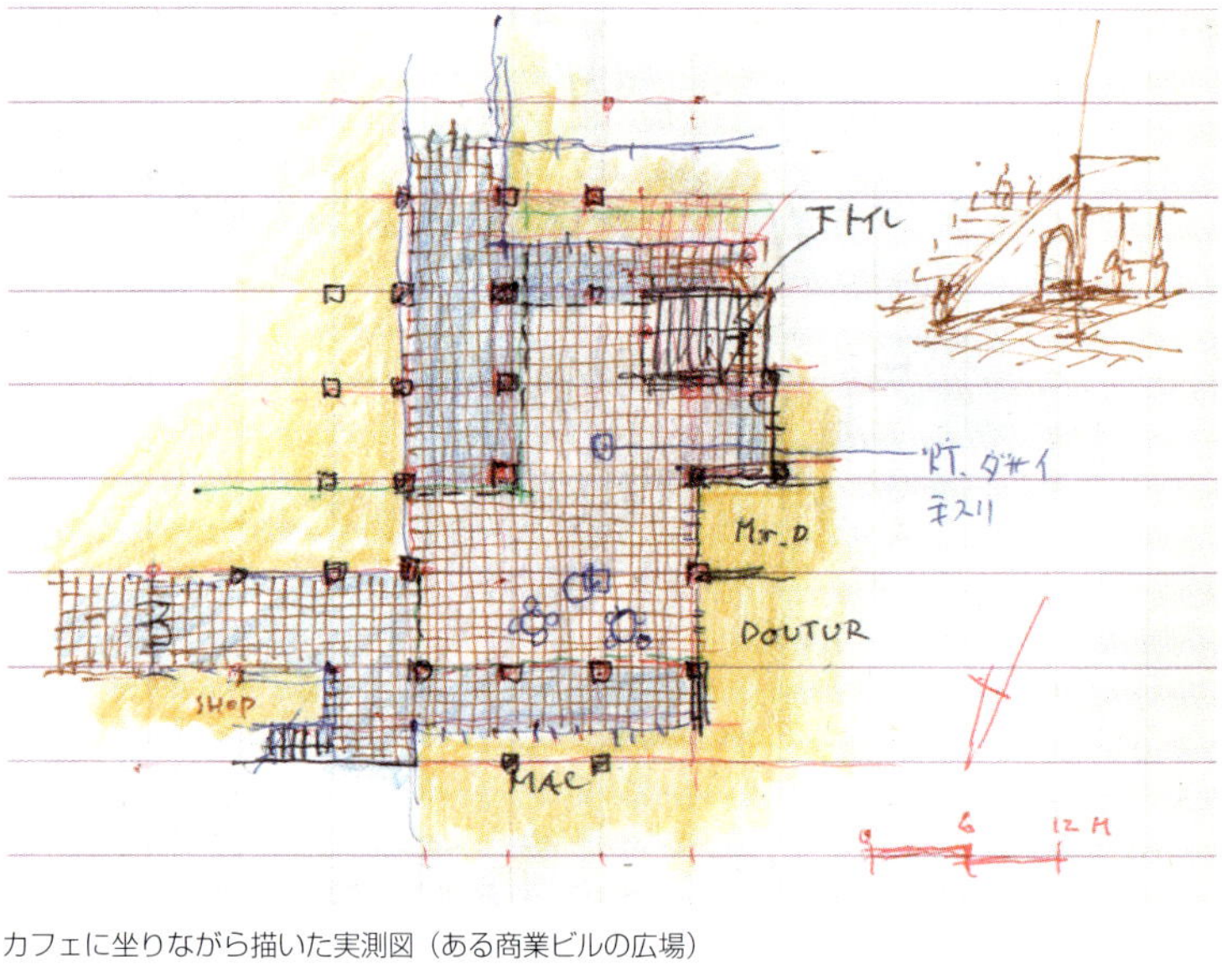

カフェに坐りながら描いた実測図（ある商業ビルの広場）

中国、乾陵の穴居住宅（ヤオトン）の実測断面図および立面図

突然訪れ、実測させてもらった農家（中国、乾陵の穴居住宅（ヤオトン）の実測平面図）

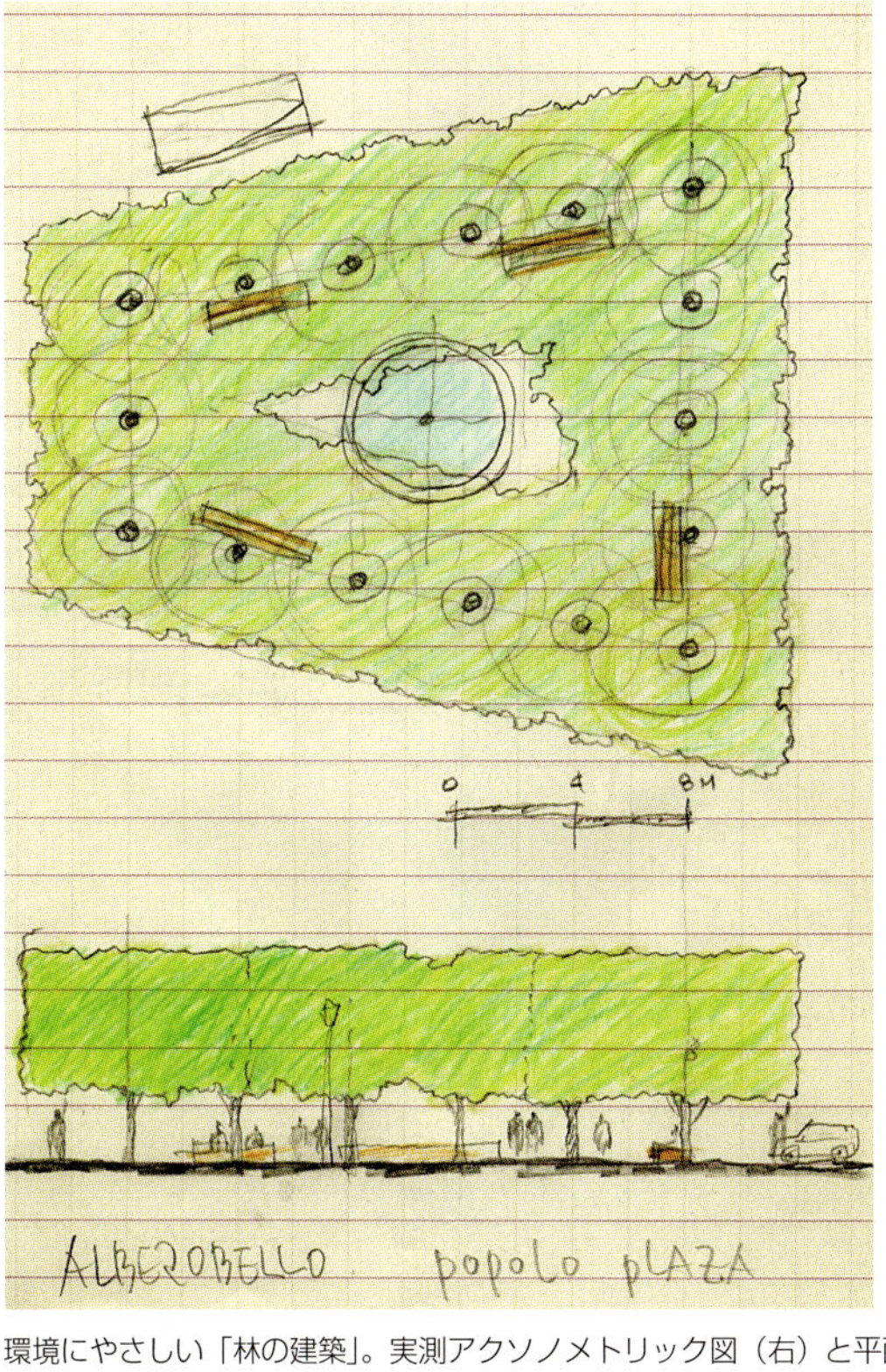

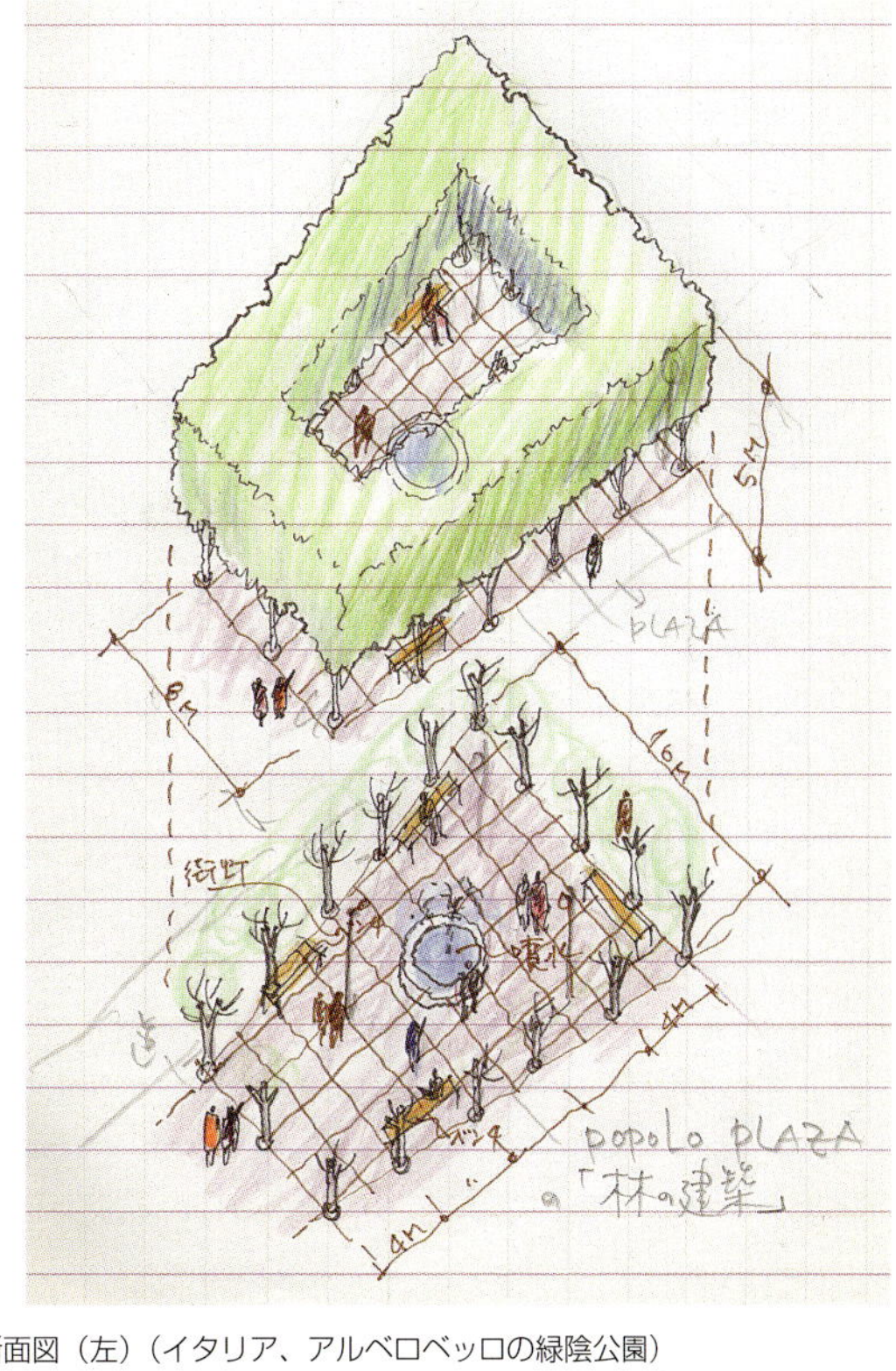

環境にやさしい「林の建築」。実測アクソノメトリック図（右）と平面図、断面図（左）（イタリア、アルベロベッロの緑陰公園）

まずは、シルエットスケッチから

次に、**シルエットスケッチ**を描いてみましょう。

シルエットスケッチはモノの形を大まかにとらえるスケッチです。細部まで詳細に描く必要はありません。

旅先で時間がないときに、風景や建築を描くのに大変便利です。

まず、あなたの住まいの二階のベランダから見た町の**スカイライン**を、一筆書きで一気に描くのもよいでしょう。私たちの町はさまざまな建築が複雑に集まって出来上がっています。描いてみると、町の**シンボル**やランドマークを見つけることができるかもしれません。また反対に、景観を壊している建築や醜い看板などもわかってきます。

ギリシャのミコノス島やサントリーニ島などはどこを描いても絵になってしまいます。風車やチャペル、そして何でもない洗濯物までも、青い空や海をバックにしたシルエットが美しいのです。シルエットスケッチは形の輪郭を描き、塗りつぶしてしまえば、それで完成。描き過ぎない、説明し過ぎないスケッチは、見る人にとって**感情移入**ができて、いろいろ思いをめぐらせることができます。

子供の頃、「お絵描き歌」というのがありました。スウェーデンのストックホルムにあるE・G・アスプルンドという建築家が設計した有名な「森の火葬場」があります。その美しい風景を「絵描き歌」を口ずさみながら描いてみました。

フランスのモンサンミッシェル修道院の遠景は、まさにシルエットスケッチにぴったりです。

シルエットだけで建築の姿を伝えられる（フランスのモンサンミッシェル修道院）

イタリア、シチリア地方の漁風景

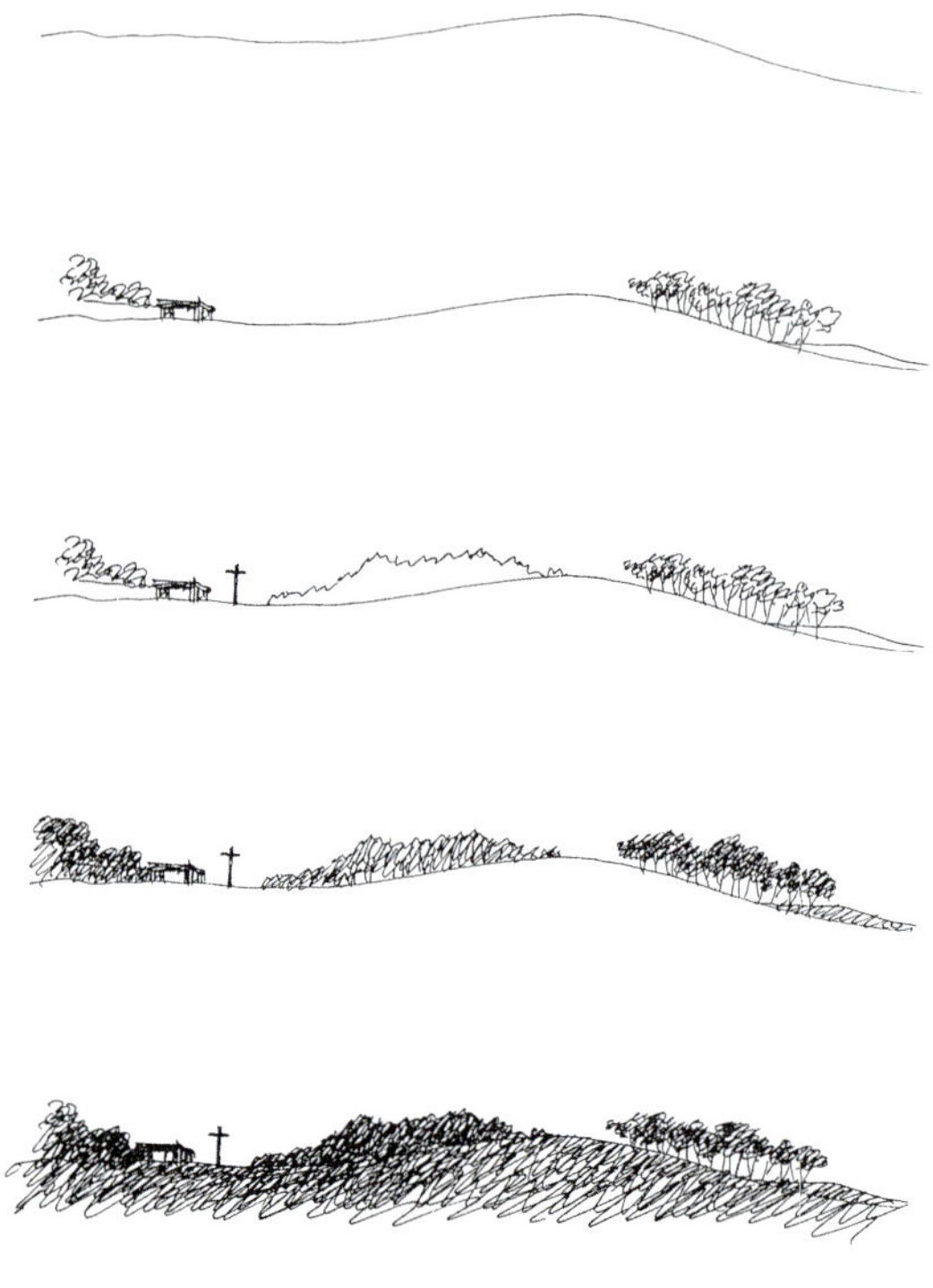

シルエットスケッチの描き順（ストックホルムの「森の火葬場」）

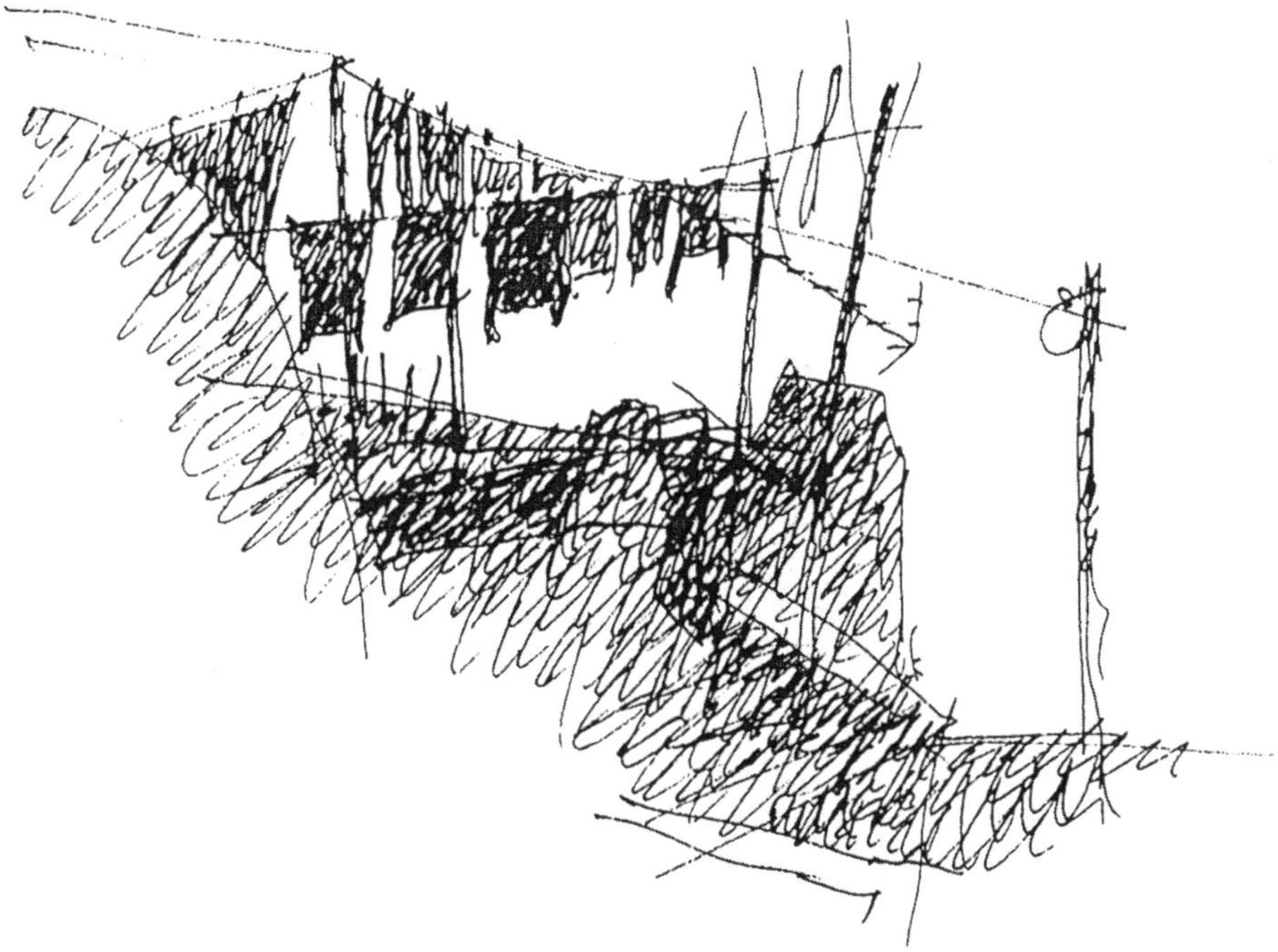

ギリシャ、サントリーニ島の生活風景

ネパールのヒンズー寺院

イタリア、ヴェネツィアの海に浮かぶマリア像

ギリシャの教会

そして、インスタントスケッチへ

旅先では何かと忙しいものです。いつでもゆっくりスケッチをする時間をとれるとは限りません。しかし、たとえ数分でも時間があればスケッチをしてみましょう。

スケッチは時間をかければ素晴らしいスケッチが描けるとは限らないのです。時間をかけて描きすぎてしまうと、本当に描きたいものが見えてきません。

ですから、むしろ**時間に追われて描いたスケッチ**の方が、余分な気持ちが入らず、**本質だけ**が見える味わい深いスケッチになる場合が多いのです。

三分で描いたスケッチ（ギリシャ、ミコノスの教会）

五分で描いたスケッチ（イタリア、階段のある路地）

五分で描いたスケッチ（日本の民家）

細部よりも、短い時間を優先する描き方（ギリシャ、ミコノス島の風車のある丘）

中国、紹興近郊の柯橋鎮の橋

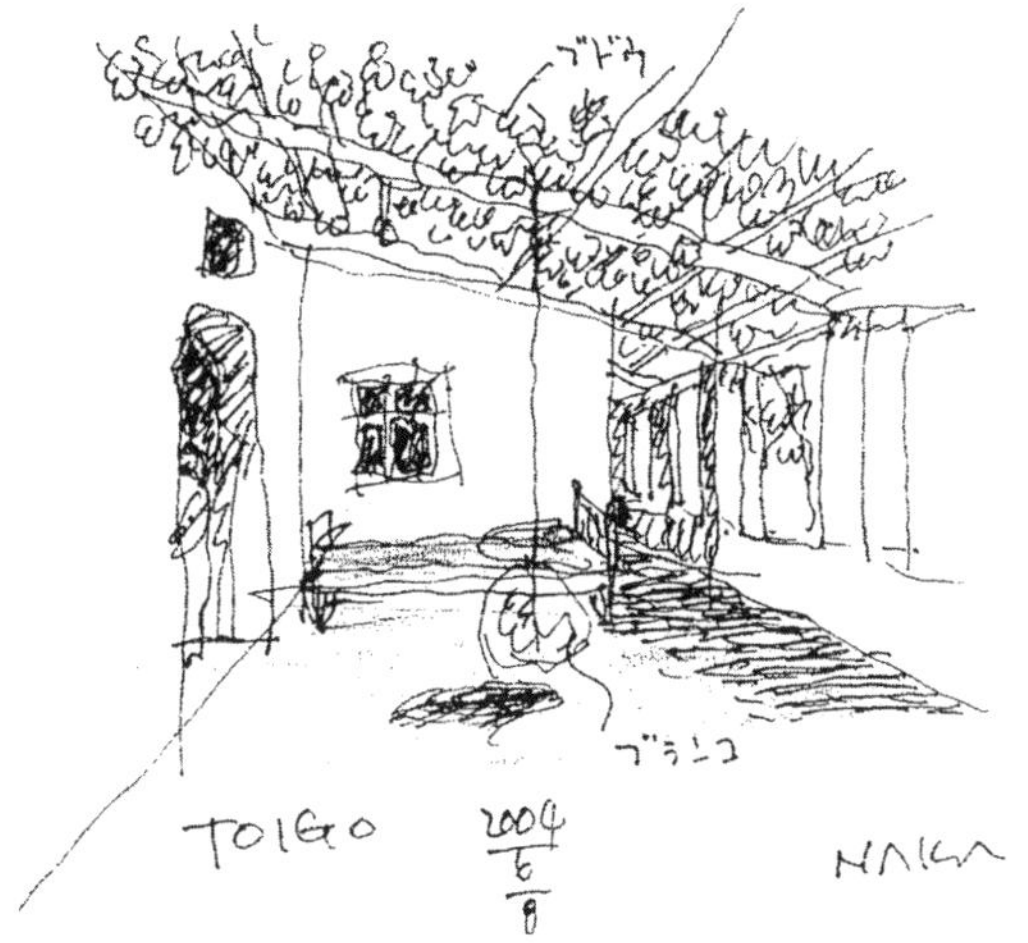

中国、新疆ウイグル自治区の村、トイゴの葡萄棚のある中庭

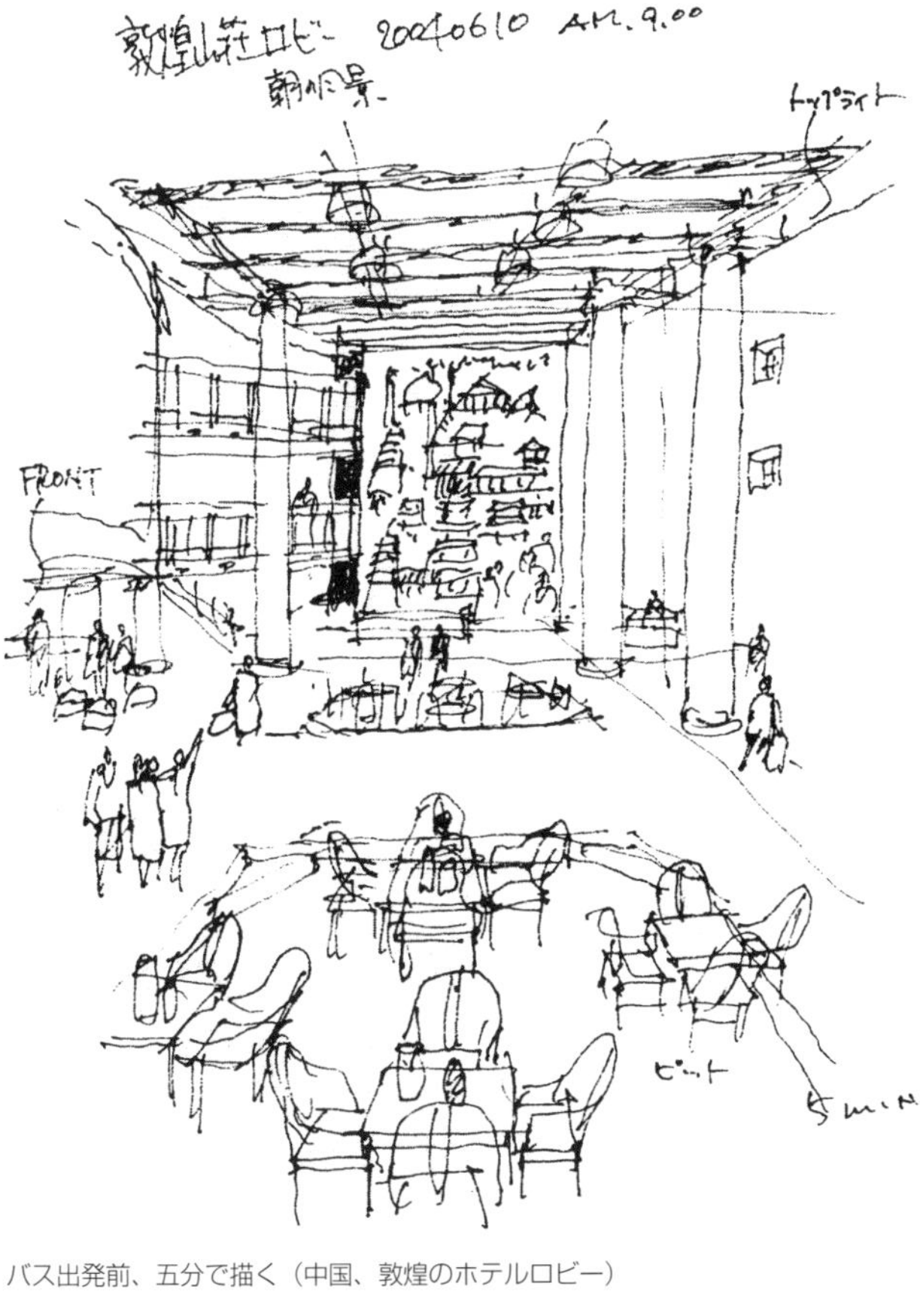

バス出発前、五分で描く（中国、敦煌のホテルロビー）

建築を正面から描いてみる

次は、**建築のファサードスケッチ**です。描きたいと思った建築の真正面に立ち、全体の形を描きます。

このスケッチは、**建築の形やプロポーション**に気を付け、描き上げます。細かい余計なものを描く必要はありませんが、物足りないと思ったら、窓や出入り口などを描き加えてください。窓の大きさやその位置関係など、少しずつ描き加えていくのもよいでしょう。

このとき、できることなら建築の様式、壁などの材質、オーナメントなども一緒に覚えていくとよいでしょう。

建築を正面から描く（イタリア、ヴェネツィアの教会）

旧北村家住宅の立面図

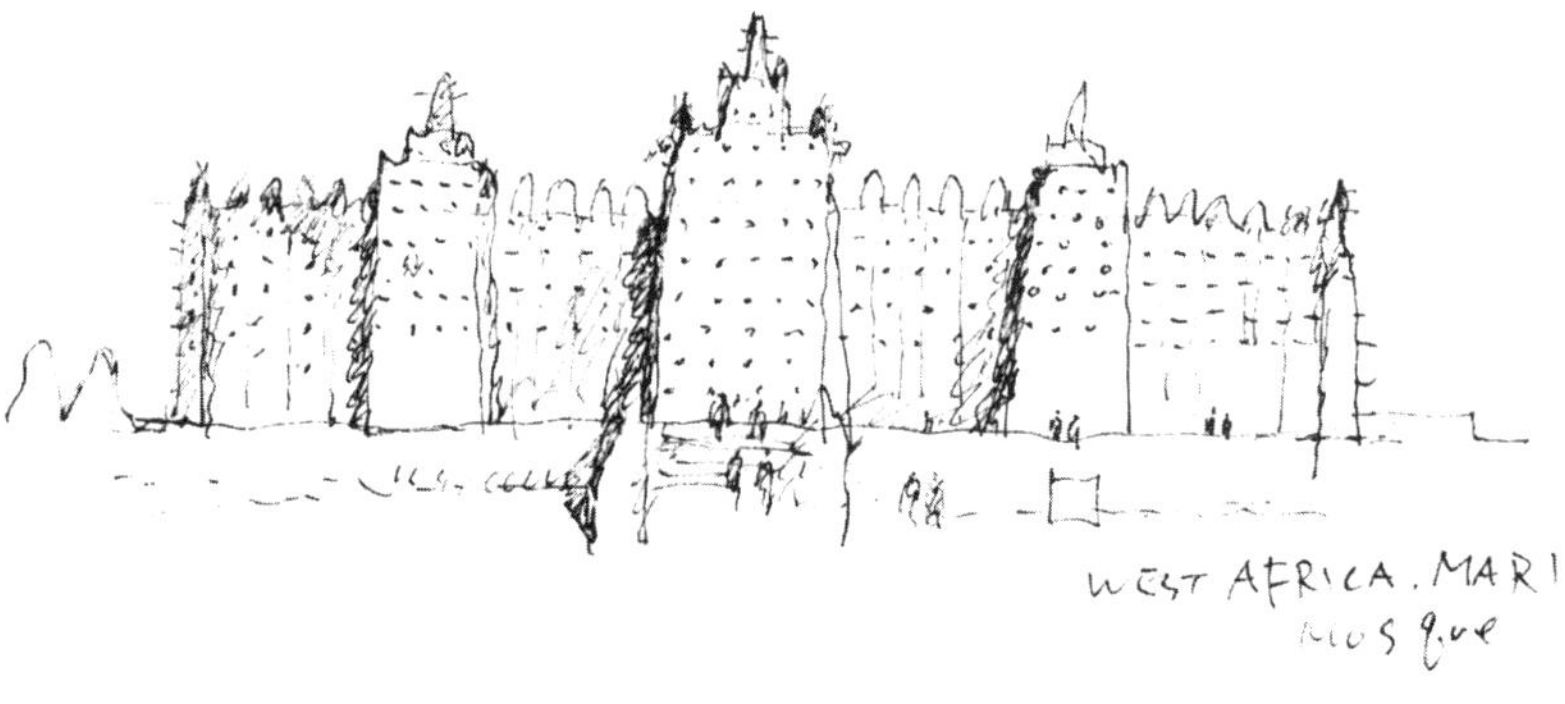

西アフリカ、マリ共和国のモスク

スペイン、ロマネスク様式の建築

フランス、地方の民家

ハンガリーの農家

正面から描くと、建築のプロポーションが理解できる（フランス、パリ近郊に佇むル・コルビュジエのサヴォア邸）

風景を描いてみる

旅をするとさまざまな美しい風景に出会います。

美しい山々や海原など自然の風景、そして、人間の英知の積み重ねが長い年月の中で生み出した集落などの風景は私たちの心を強く打ちます。

ここではシルエットスケッチから一歩踏み込んだスケッチに挑戦してみましょう。

遠景を描くときには、集落や自然の景色全体をよく観察します。そして、建築の特徴を大きくとらえ、地形の上に建築を描き込んでいきます。

スペインのとんがり帽子のような屋根と風車、韓国では藁葺《わらぶ》きの屋根などです。伝統的な集落はその地域の気候風土によって、同じような形態の建築で構成されます。それが、統一された美しい景観の要因にもなっています。

建築の特徴を簡略化して描く（スペイン、イベリア地方の風車群）

イタリア、サンジミニアーノの街並み

韓国、古い農村の家々

スペイン、イベリア地方の家並み

複雑な形態を、影で表現する（ギリシャ、ミコノス島の街並み）

ギリシャ、サントリーニ島のカフェ

イタリアの山岳都市、アンティコリ・コッラドの集落

イタリア南部の白い街、サンタンジェロ。連続する切妻屋根が美しい

イタリア、ヴェネツィア運河沿いの船着場と教会。油絵用のキャンバス地にペンと鉛筆で描く

塔の上から描く

○○○

イタリアをはじめヨーロッパの都市には、必ず美しくシンボリックな塔がそびえています。その高い位置からのビューは格別です。美しい景色に浸りながら、ゆっくりスケッチをしてみましょう。

高い位置から見ると、俯瞰した構図になりますから、高さ方向に焦点（V1）があることに注意して描いてください。

図法的には上下二点の鳥瞰図で、奥行きと高さに焦点を与えていくと自然に俯瞰した構図になるはずです。

上下二つの焦点の距離が短いと、俯瞰した角度が深くなり、二つの焦点の距離が長くなると、視線が水平に近い構図になります。

高さの焦点（V_1）、奥行きの焦点（V_2）、勾配屋根の焦点（V_3）は、同じ垂直線上にある

上下二点の鳥瞰図は、より俯瞰の効果が大きい（イタリアの街角広場見下ろし）

特徴的な瓦を、きちんと描く（イタリア、サンジミニアーノの家並み）

路地を描く

スケッチブックを持って街の中を散策してみましょう。メインストリートから外れた路地はどこの街でも魅惑に満ちています。それは、現代の車重視の真っ直ぐで広い道路とは違い、路地は人間的なスケールであると同時に、人々の生活があふれ、活気に満ちているからかもしれません。

その狭い路地の風景を描くには、**一点透視図**が最適です。焦点を路地の先にとり、水平なラインはすべてこの焦点に結びます。

まず、交通の邪魔にならない位置に立ってください。道の進む方向に真っ直ぐに目を向けましょう。このとき、視線は水平です。視線の先が奥行きの焦点になります。両側に立つ建築の高さ方向は垂直で、横方向は水平とし、すべて平行になります。奥行きの線だけ、一つの焦点に集中します。この原則を頭に入れて描いていきます。スケッチは原則として見たままを描けばよいのですが、どうしても空間が歪《ゆが》んでしまうという人は、簡便な構図のとり方を覚えておきましょう。

①まず、基準となる建築と道路を描きます。そして、焦点を決めます。建築の高さと比較した、人間の頭の位置を焦点にするとよいでしょう。焦点を上にとると、道路の上から俯瞰した図になります。

②その焦点から、道の両端と建築の水平ラインを結びます。水平な線はすべてこの一つの焦点に集中します。

③次に、奥行きを決めます。ある基準となる建築を決め、その建築の見えている奥行きの幅が不自然にならないようにラインを決めることです。

ネパール、バドガオンの路地

イタリア、サンタンジェロの路地

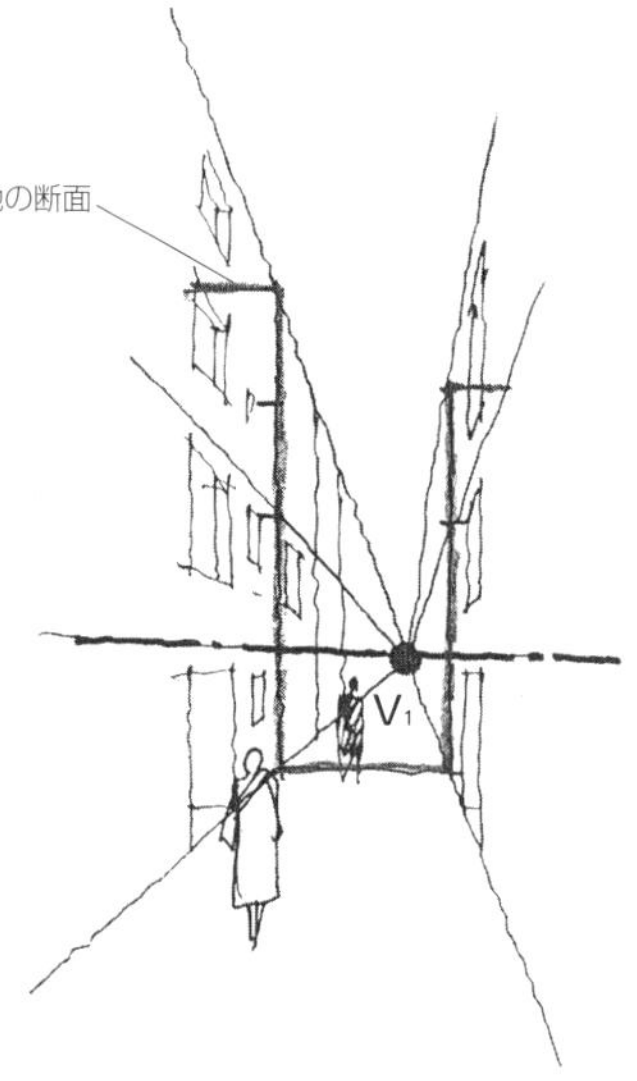

路地の断面を描き、その中に焦点（V_1）をとる。その焦点とそれぞれの角の部分を結び、適当に奥行きを与え、入口や窓を描く

道の左右のどちらかに寄ると、変化のある構図になる（イギリス、レベンハムの路地）

イタリア、アルベロベッロの路地

愛媛県大洲の街

曲がっている道を描く

古い街を歩くと、わくわくしてきます。私たちが住む現代の街のように合理的にはできていませんが、有機的で複雑な空間構成をしています。かえってそれが面白いのです。

そうした街を歩くと、さまざまな角度で曲がりくねった道に出会います。その風景に感動して道に立ち止まり、街並みを描くと、道が坂道になってしまったり、ねじれているように描けてしまうことがよくあります。

そのようなとき、次のことに留意して描いてみてください。

曲がってしまう原因は、真っ直ぐな道の焦点のレベルと、曲がった道の焦点のレベルが同じ水平線上に乗っていないからです。**曲がっていても、水平な道の焦点は、必ず同じ水平線上**にあります。

坂道ではなく水平な道であれば、直線であろうと、曲がっていようと必ず焦点は同一のアイレベル上にあります。

イタリア風の曲がった路地

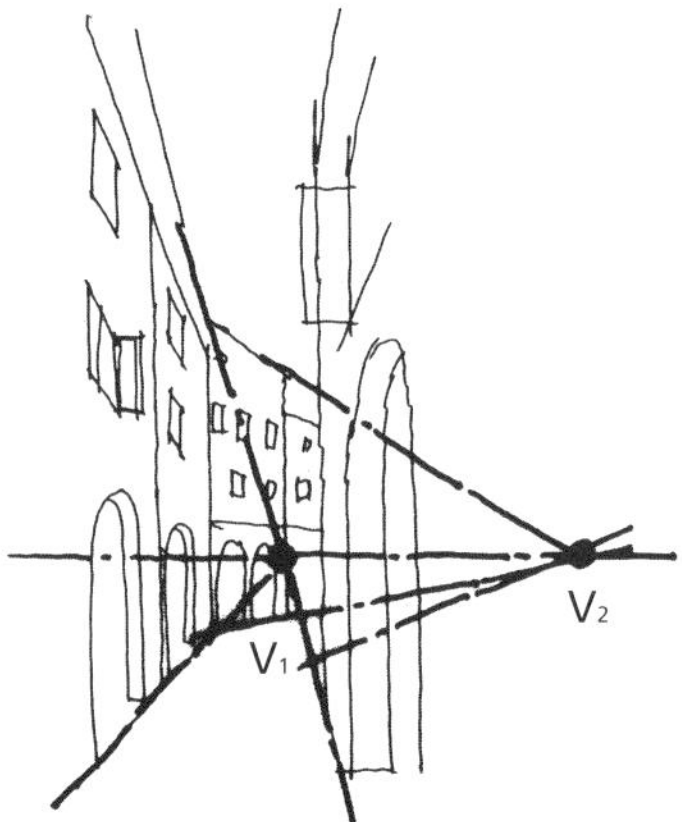

直線の道の焦点（V_1）と、曲がった道の焦点（V_2）は、同じ水平線上にある

階段のある道を描く

○○○

さて、次は階段の描き方を説明しましょう。上りでも下りでも、階段を描くのは難しいものです。階段に見えなくて苦労します。

道の両側の建築の焦点をとります。前項の「曲がっている道を描く」で述べたとおり、曲がっている道が階段に見えてしまったときの間違いは、水平線上に焦点が結ばれていないためですから、逆に考えれば、階段の行き先の焦点をアイレベルの上か下にとれば、階段に見えるように描けるはずです。すなわち、**上り階段は水平線の上に、下り階段は水平線の下に焦点**をとれば階段に見えるように描けます。

待合せ時間の間に描いたスケッチ（京都、清水寺門前の産寧坂）

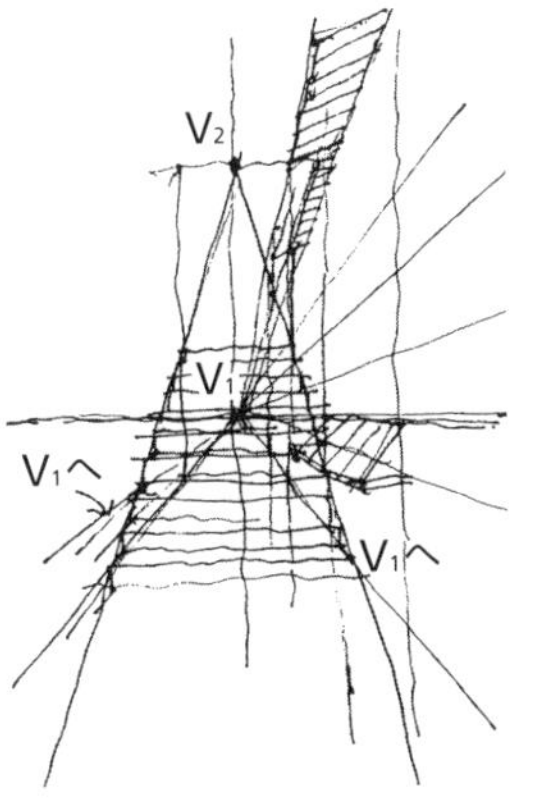

上り階段の焦点（V_2）と、家並みの焦点（V_1）は、同じ垂直線上にある

イタリアのサンタンジェロ――坂道と階段の多い街

斜めに曲がった建築を描く

街並みを描いていると、道に平行に立っている建築ばかりではありません。特に西欧の古い街では、いろいろな角度に曲がった建築で構成され、路地が複雑に入り組んでいます。

旅先でそうした複雑な街を描いてみると、角度の違う建築が傾いているように描けてしまうことがあります。この原因はおもに焦点の位置に問題があるのです。道と平行ではない建築でも、水平な建築であればどんなに角度が付いていようと、その**すべての建築の焦点は、必ずアイレベル上**に並んでいます。

それを意識して描けば、いろいろ複雑に曲がっている建築が倒れそうに見えたりすることはないはずです。

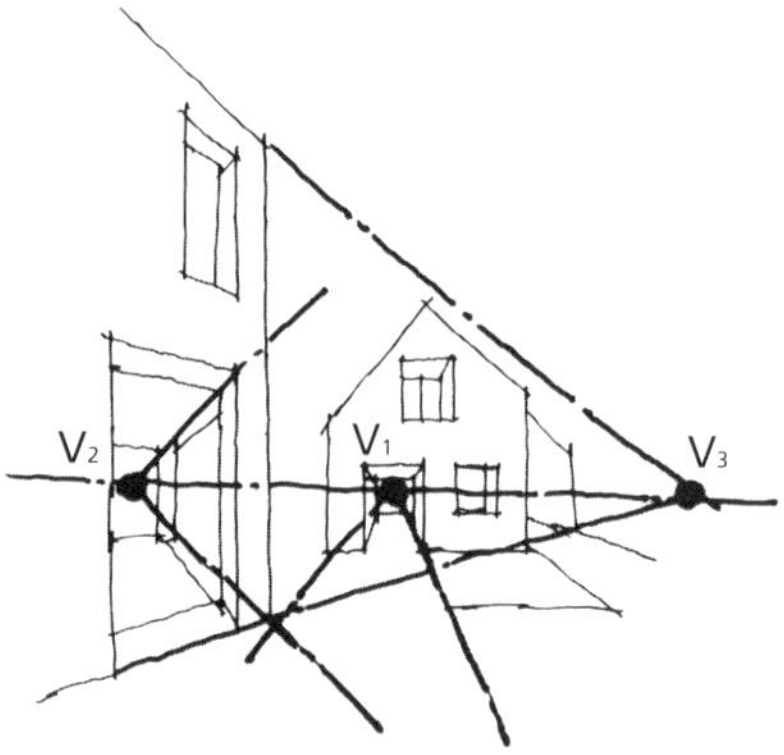

正面の建築の焦点（V_1）と、角度の付いている建築の焦点（V_2、V_3）は、同じ水平線上にある

角度の違う二つの建築がある風景

水平線、地平線はアイレベル

○○○

果てしなく続く地平線や、紺碧に輝く水平線の美しさは格別です。しかし、そうした風景を描いたスケッチで、水平線が低かったり、地平線を高く描いてしまっているスケッチをよく見ます。

気を付けていただきたいのは、はるかかなたに見える水平線は、建築などの焦点の位置、すなわちアイレベル上にあるという原則を忘れないでください。

言い換えれば、階段や勾配屋根を除き、建築の床面など**水平なものの焦点は、必ず水平線上または地平線上**にあります。

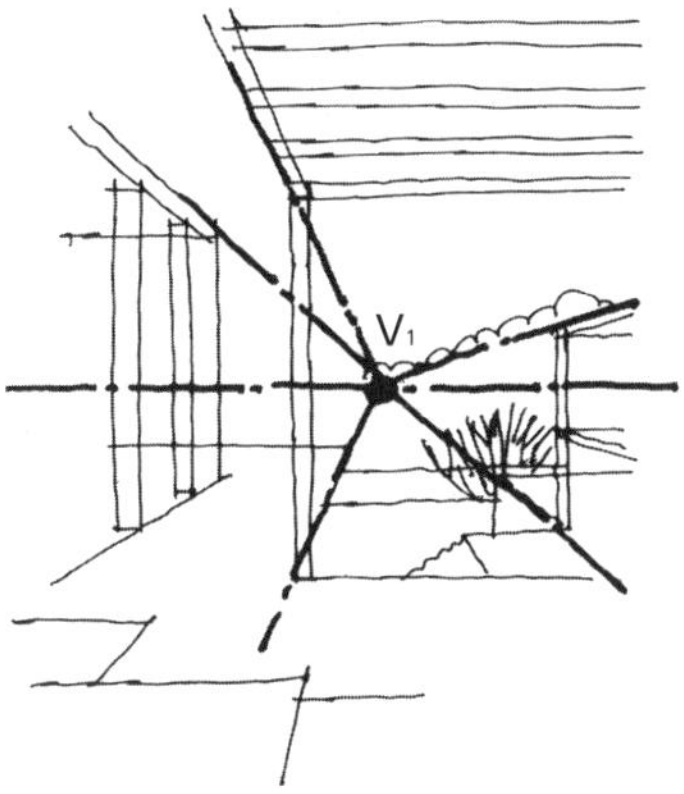

水平線や地平線は、建築などの焦点（V_1）の位置、すなわちアイレベル上にある

ある海辺のリゾート地の風景

建築の焦点は、水平線上にある（ギリシャ、サントリーニ島の集落）

第4章 やさしい透視図

建築を表現する場合、建築の形態を
わかりやすく表現した透視図は大変有効です。
今まで述べてきたような、形にこだわらないスケッチとは違い、
透視図は形を正確に表現しなければなりません。
その簡単な描き方を説明します。

焦点を決める

奥行きだけに焦点を結ぶ一点透視図では、その焦点の置く位置によってアングルが決まります。屋根を表現したいなら焦点は上に、天井を表現したいなら低い位置に焦点をとるというわけです。

何を表現したいのか、また、どこを重点的に描きたいのかをよく考えて焦点を決めてください。

目の前に広がる風景や建築を、そっくり紙の上に描ければ、三次元の空間に見えるはずなのですが、なかなかそうたやすくいかないものです。三次元を二次元上に描写する技法は西欧でルネッサンス期に発明されたばかりですから、それ以前、人間はさまざまな方法で立体に見えるように工夫していました。

現在はその透視図法によって、空間や立体が描けるようになりました。

特に自分でイメージした架空の建築を描くとなれば、現実に目の前にあるものを写しとるスケッチとわけが違います。そのとき**簡単な図法**を知っていれば、狂わずにたやすく描くことができます。

建築は三次元ですから、高さ、幅、奥行きで構成された立体です。こうした立体形を平面的な紙の上で表現して、立体に見えるようにやさしく描く方法を説明しましょう。

これは図法的には**一点透視図法**といわれています。このように見えるときは、その建築に対して真正面に立って見たときの状態です。このような状況のときだけ奥行き方向のみに焦点があります。そして高さと幅の二方向は平行です。

まず、上図のように建築のファサード、すなわち立面図を描いてください。そして、見る位置である焦点を決めます。奥行きを示す線はすべてその点に集まります。適度な奥行きを与えます。焦点の位置によって建築の表現する意図が違ってきます。49頁の左上図のように建築の**内側に焦点**をとれば、**内部**を表現することになりますが、左下図のように**外側の上方部に焦点**をとると、鳥瞰図的に建築の屋根などの**外観**を表現することになります。

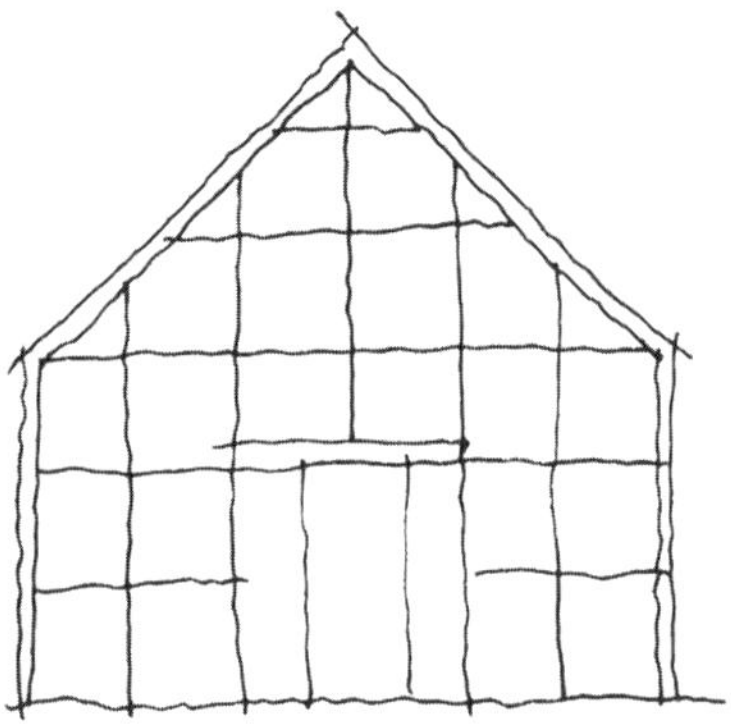

正面の立面図

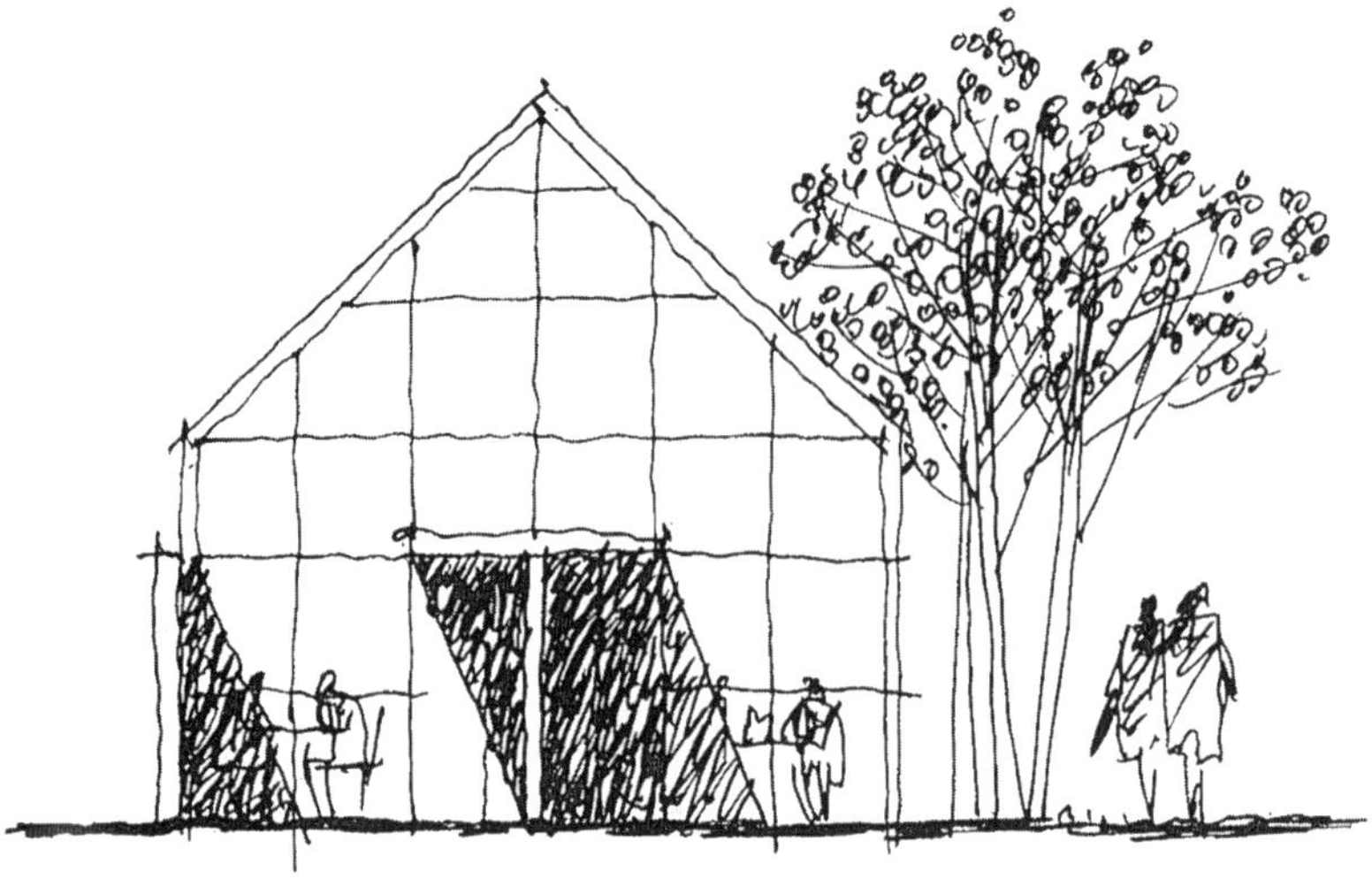

影を付けると、立体が表現できる

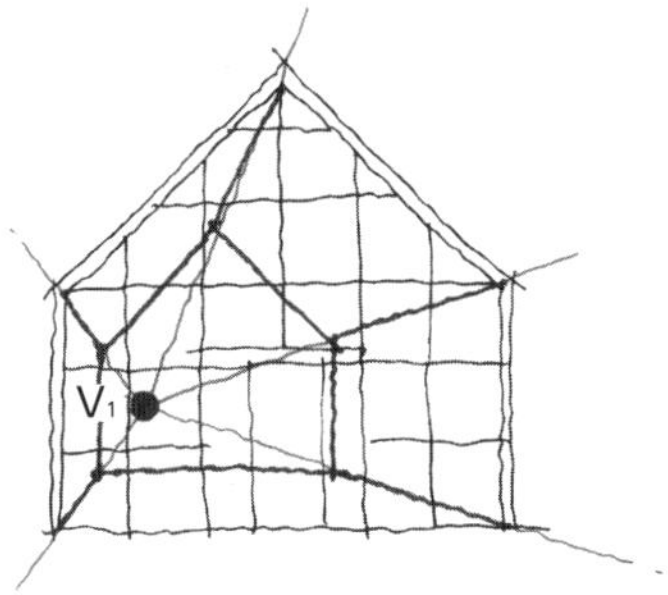

人の立った視点を焦点（V_1）にする

ガラス越しに内部空間の様子が表現できる

奥行きだけに焦点（V_1）を与えた一点透視図——立面図の斜め上部に焦点（V_1）をとる

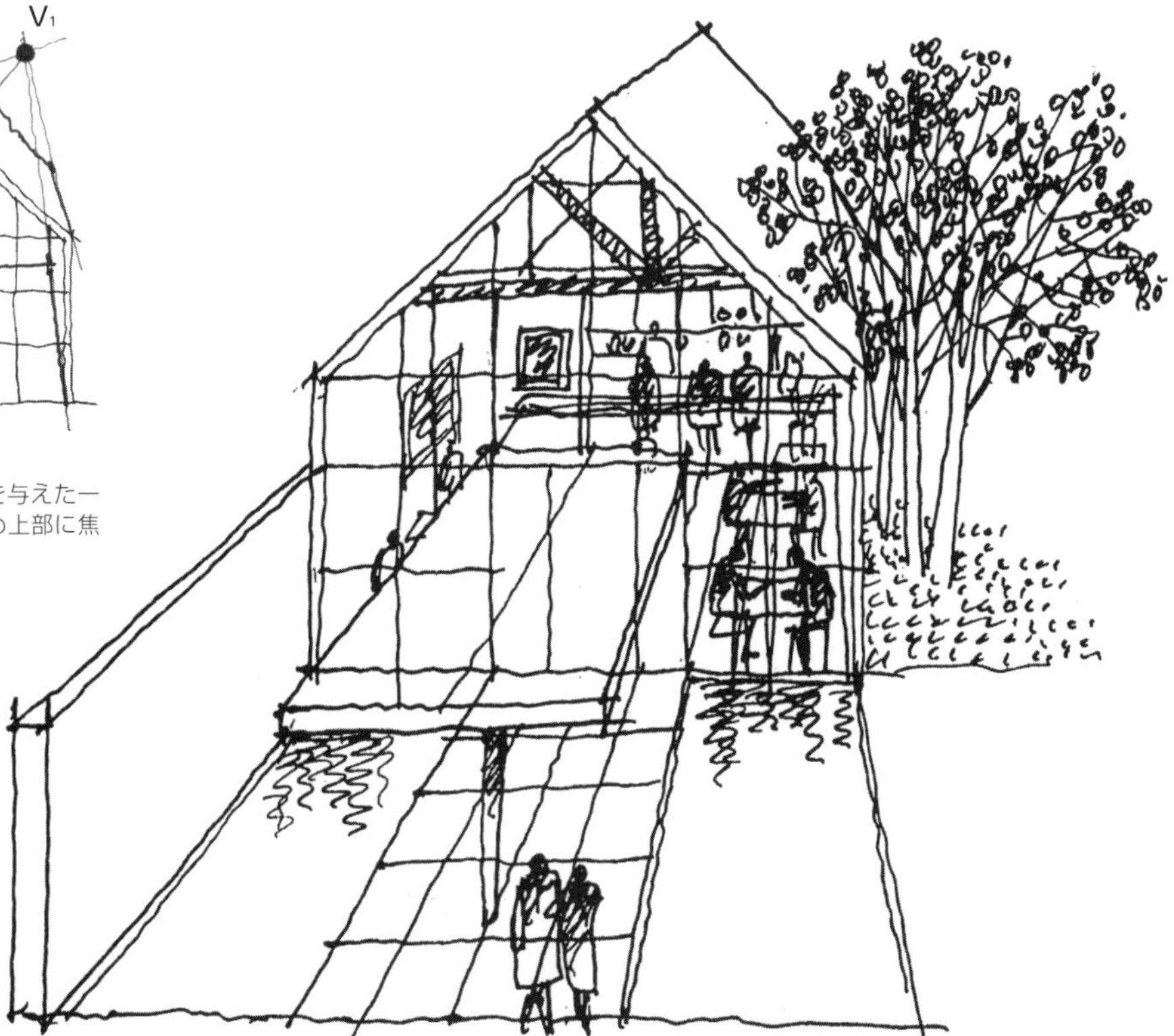

俯瞰した構図になり、屋根の様子がわかる

虫が見た虫観図

この図は、視点をGLの位置に下げて見た構図の透視図です。地面を這《は》う小さな虫が見る景色はおそらくこのようなものでしょう。虫の視点からは地面の状況が見えないため、地面の部分を描く必要がありませんが、反面、地面の様子が説明できない欠点があることを忘れずに。

いうまでもなく、この**虫観図**という呼び方は俗称です。鳥瞰図、すなわち鳥が上空から俯瞰して見たような透視図とは反対に、**地面を這う虫が下から見上げたような図**であることからこう呼ばれています。

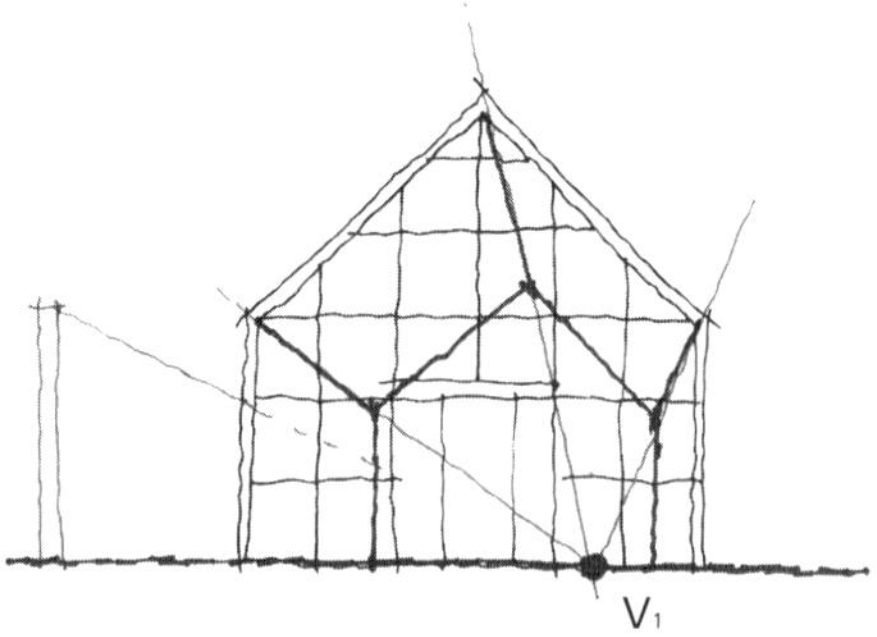

地面の上に焦点（V_1）をとった構図

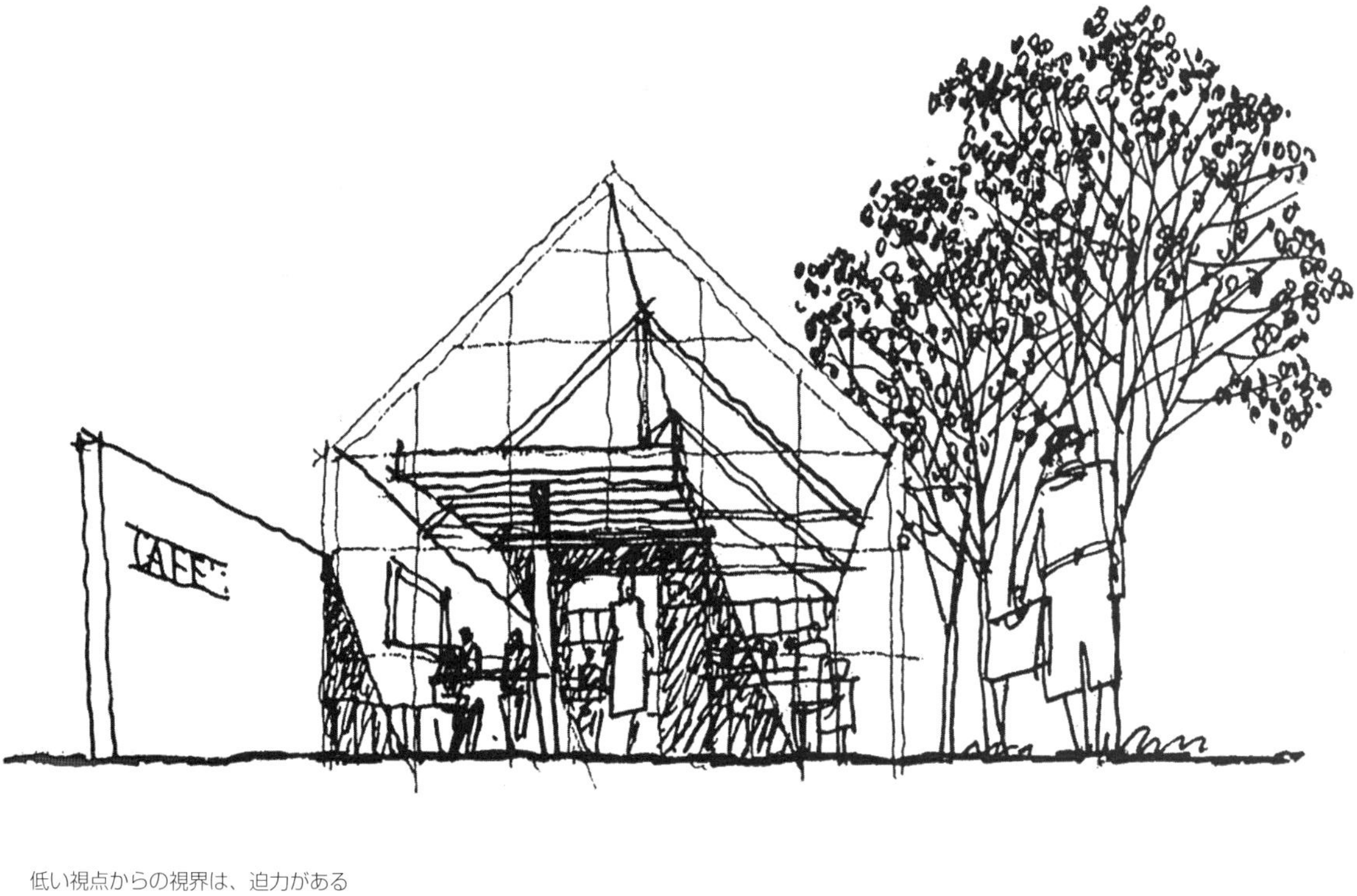

低い視点からの視界は、迫力がある

奥行きを平行にとる

平行透視図の一つの描き方として、立面図から任意の角度で**平行に奥行き**を与えると立体図になります。この平行透視図法は、遠くにあるものは小さく見え、近くにあるものは大きく見えるという原則から離れ、遠くにあっても近くにあっても大きさが変わらないという簡易的な図法です。透視図法を知らなかった時代には遠近を表現するのにこれに似た図法で描かれた絵巻物や、屏風絵などがありました。

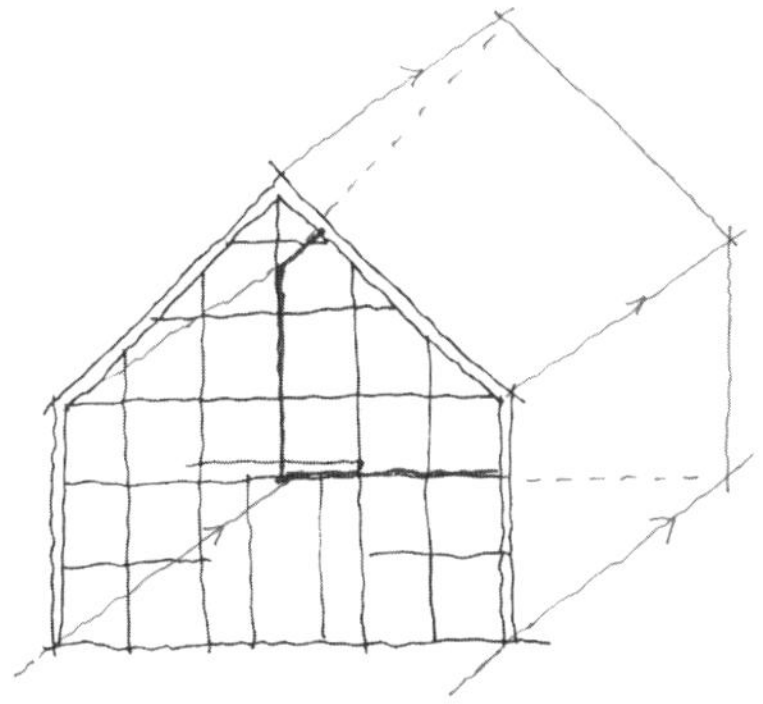

奥行きの角度を変えると、さまざまなアングルをとることができる

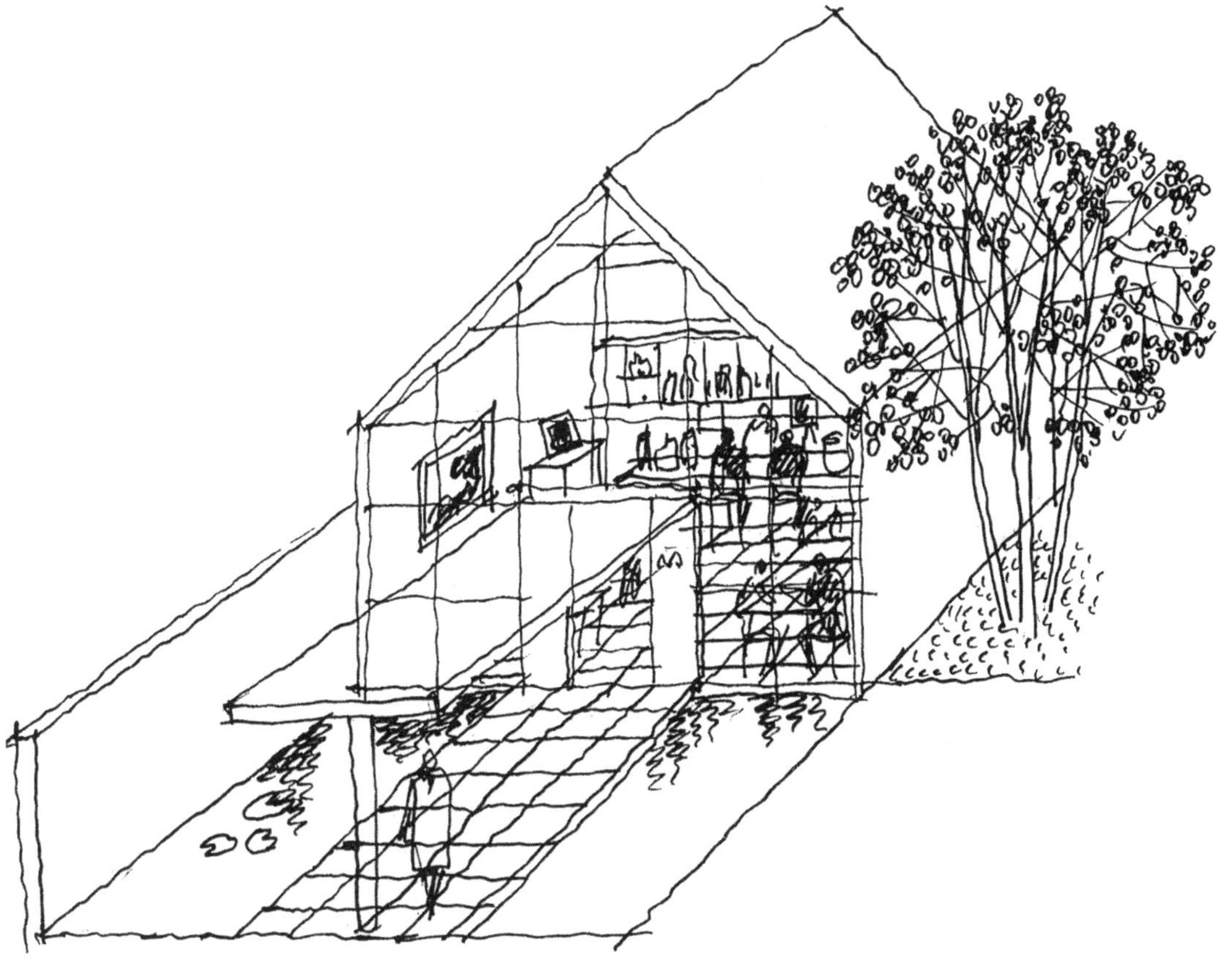

奥行き、高さ、幅の三方向は、すべて平行

鳥が見下ろした鳥瞰図

一つの焦点でも、奥行き、高さなど、そのとり方やその位置によってさまざまなアングルでの表現が可能なのがおわかりいただけると思います。

ここでもう一つ、**上下二つの焦点**で描く透視図を練習してみましょう。

一般的には左右二つの焦点のある透視図はよく見慣れていると思います。この上下二点の透視図は**奥行き**方向と、**高さ**にそれぞれ焦点を持っています。アングルとしては、**上空から鳥が飛来しながら見ているような構図**です。

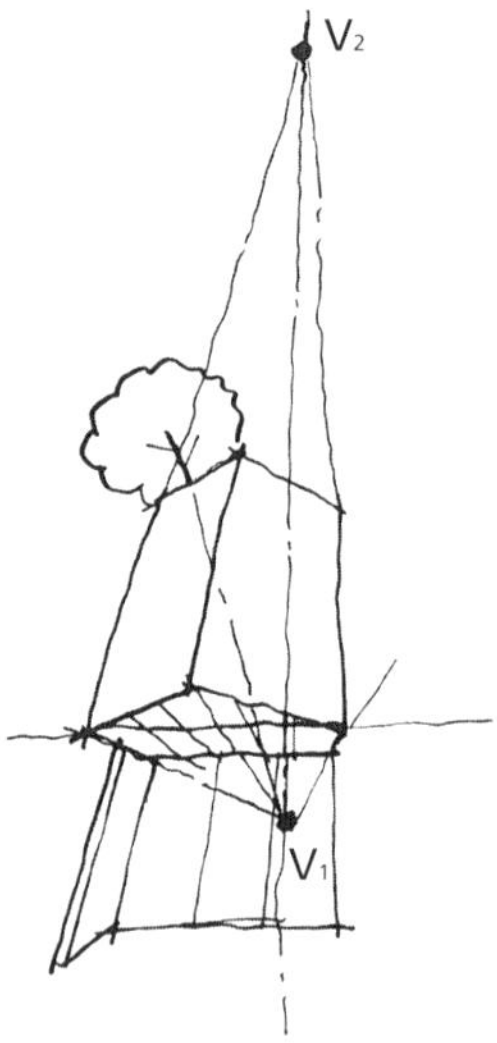

高さの焦点（V1）と、奥行きの焦点（V2）を、必ず同じ垂直線上にとる

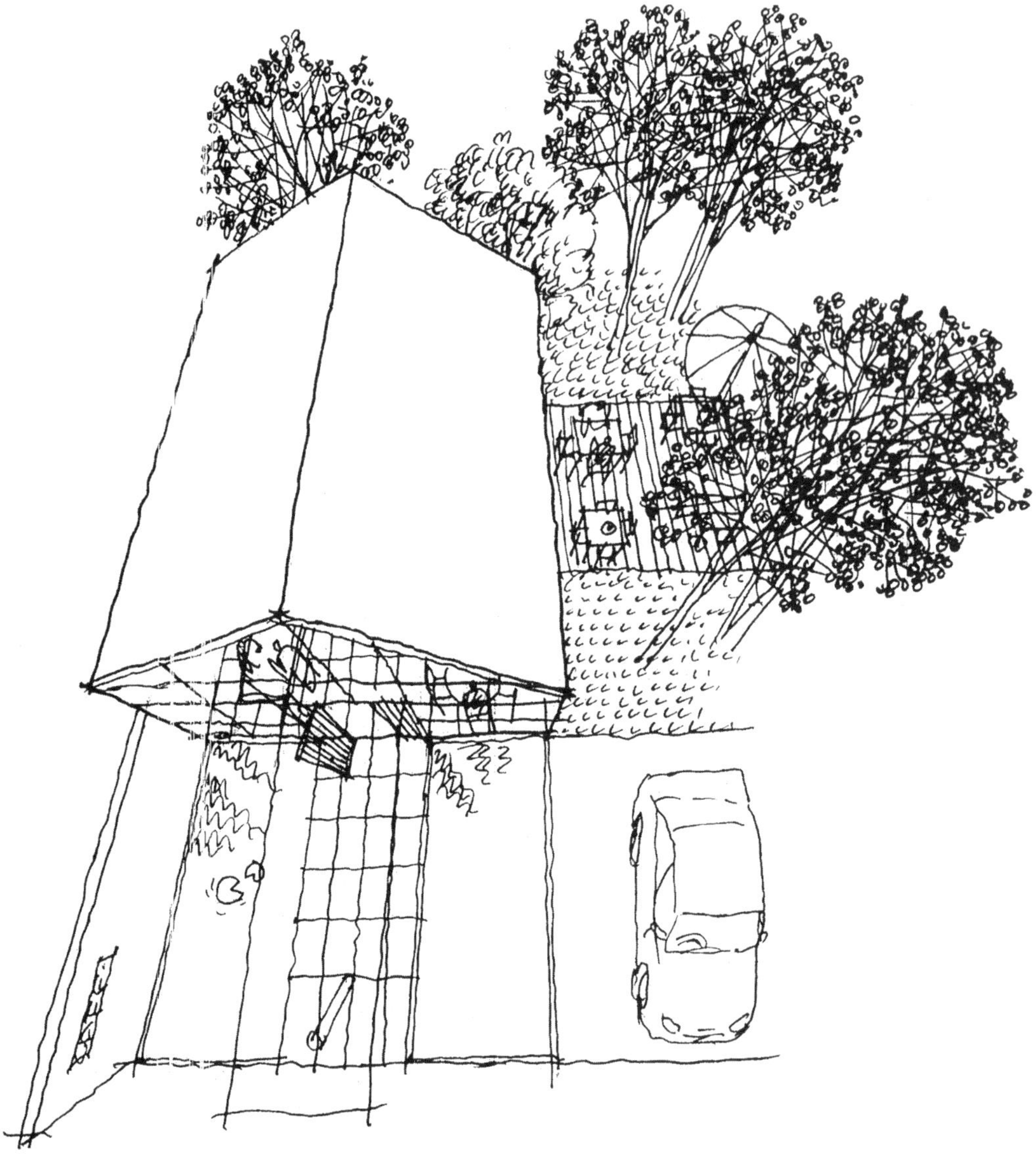

俯瞰した構図になるので、建築と周囲の関係が表現できる

ネズミが覗いたチュウ瞰図

真上から俯瞰して見た透視図です。**ネズミが天井裏から見たアングル**に似ているので、**チュウ瞰図**と名付けました。平面図や屋根伏図をより立体的にやさしく表現できる図法です。是非マスターしてください。

平面図を基本図にして高さ方向だけに焦点を結ぶ図法です。この図法の特徴は、間取りを説明しつつ、部屋を立体的に表現できます。

また、二つの図を見ておわかりのとおり、同じ図ですが、上下左右、**どの方向に回転**しても視覚的に違和感がないという特徴があります。

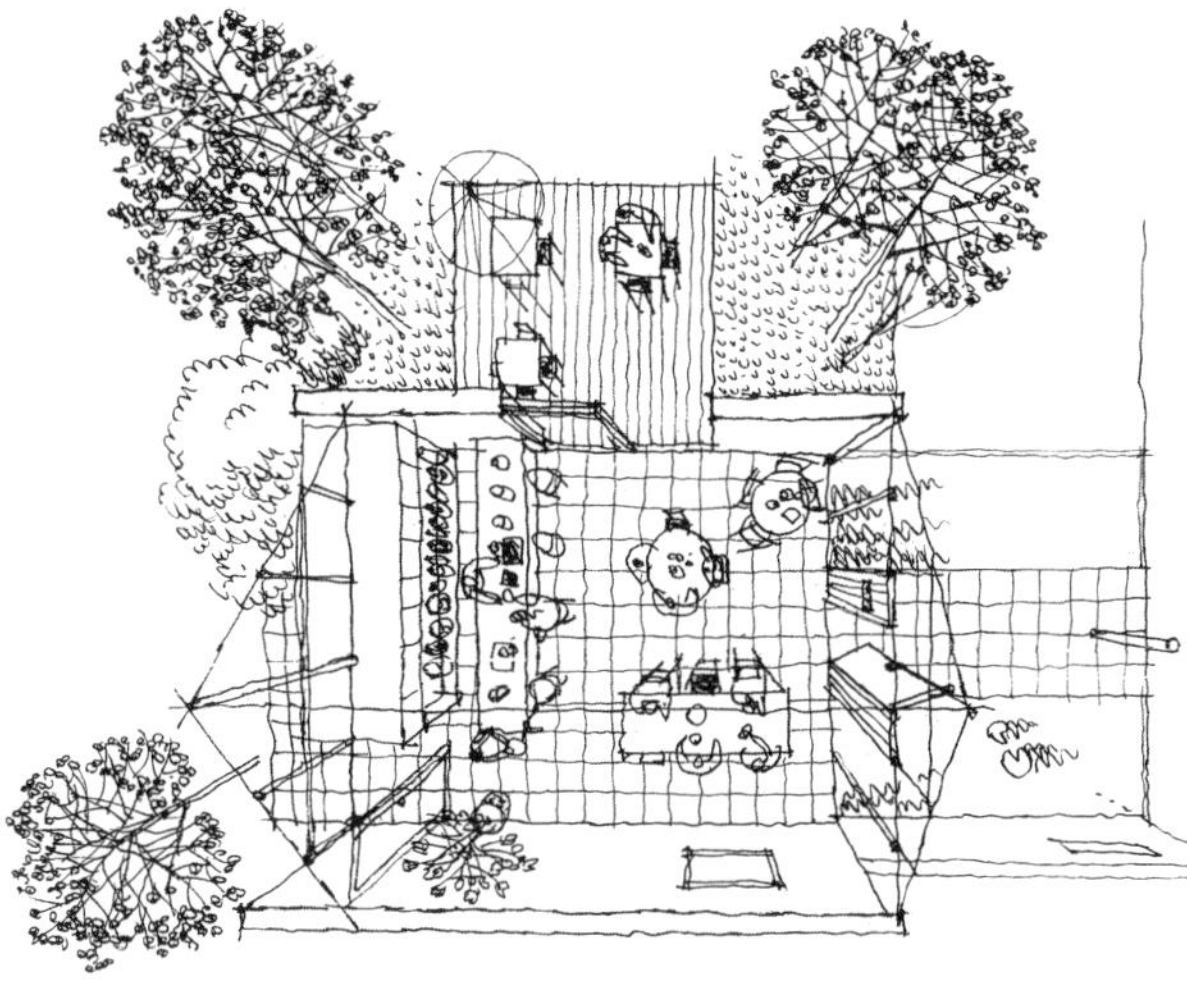

どのように回転しても、視覚的に違和感がない構図

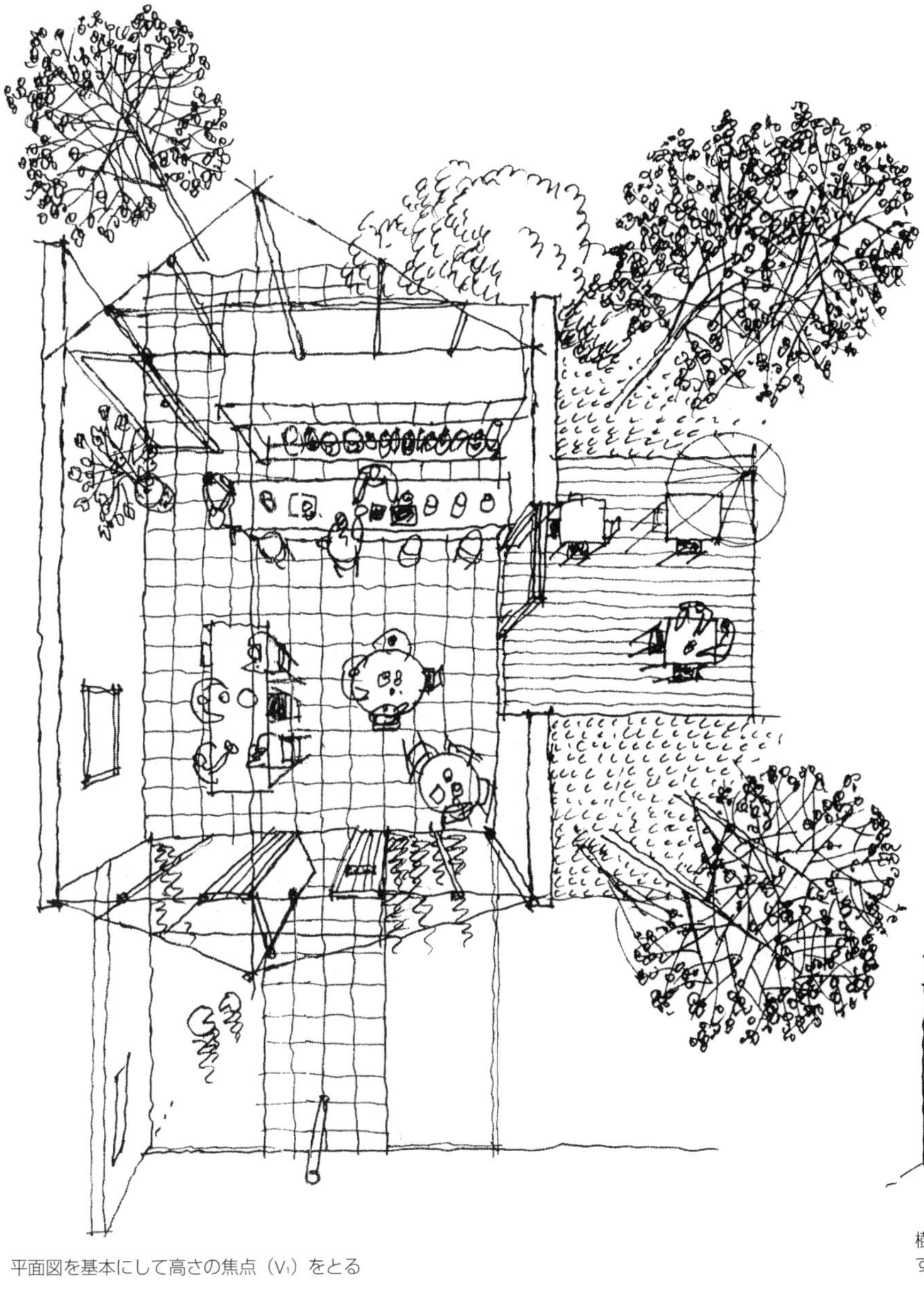

平面図を基本にして高さの焦点（V_1）をとる

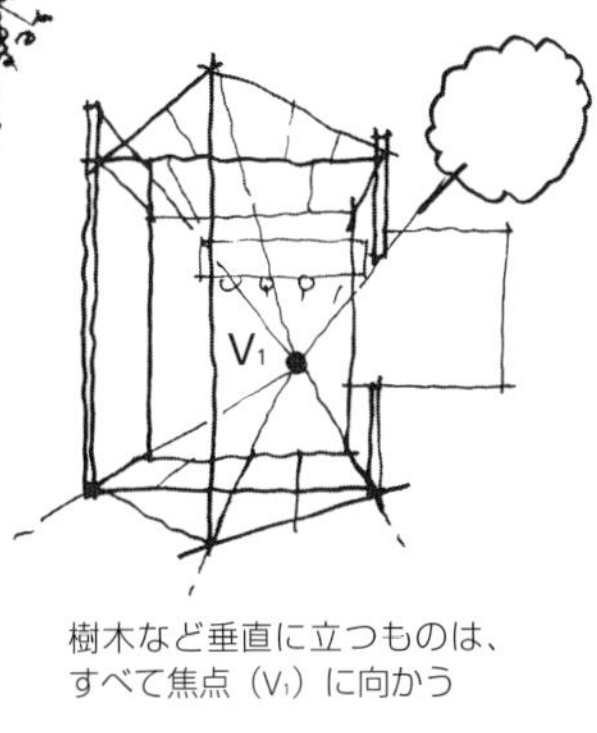

樹木など垂直に立つものは、すべて焦点（V_1）に向かう

第5章「ガラスの家」に挑戦

アメリカの建築家フィリップ・ジョンソンの「ガラスの家」は、
セカンドハウスの名作としてよく知られています。
アメリカのコネティカット州に立つ「ガラスの家」は、美しい緑の林に囲まれています。
そうした環境が、自然と同化した透明感あふれる住空間を可能にしました。
当然、この名作を描く場合、建築そのものも重要ですが、
周囲の自然環境を上手に描けなければ、名作を表現することはできません。
では、その「ガラスの家」に挑戦してみましょう。

一つの焦点で

○○○

まずは、正々堂々と真正面から一点透視図法で描いてみます。

最初に立面図を描き、任意に焦点を決めます。その焦点に向かって、建築の四角の部分と焦点を結びます。前面のガラス越しに、向こう側の室内の壁面を描きます。そして、トイレや浴室の円形コアと家具やサッシュを描いてください。

建築の輪郭は比較的簡単に描けると思いますが、問題は周囲の美しい環境を描くことです。さまざまな種類の樹木が林立していますが、丁寧に樹形の特徴をとらえて描いてください。

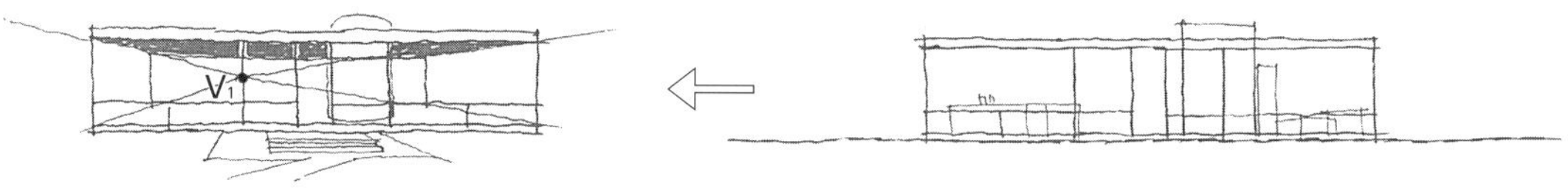

立面図に焦点（V_1）をとり、奥行きを結ぶ

一点透視図法で真正面から描いた「ガラスの家」

真上からの一点俯瞰

縦と横方向は平行に描き、高さにだけ焦点を持つ俯瞰透視図です。第4章で説明した「チュウ瞰図」と同じ描き方です。

描き方は、平面図に任意の位置に焦点をとって、柱や壁、サッシュの位置と焦点を結び、高さをとると、床の平面図から天井部分の平面図が描けます。それらの平面図は当然、相似形です。

垂直に立っている**樹木**なども、この**一つの焦点に結ぶ**ことを忘れないでください。

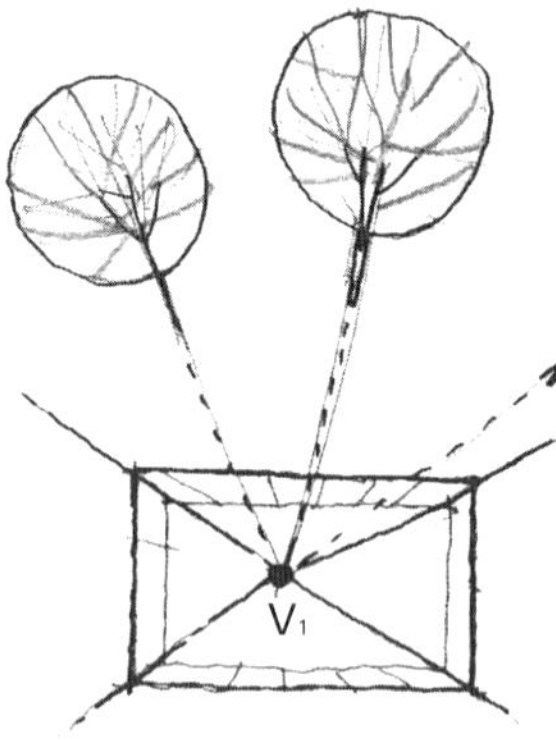

平面図に高さの焦点（V_1）をとる

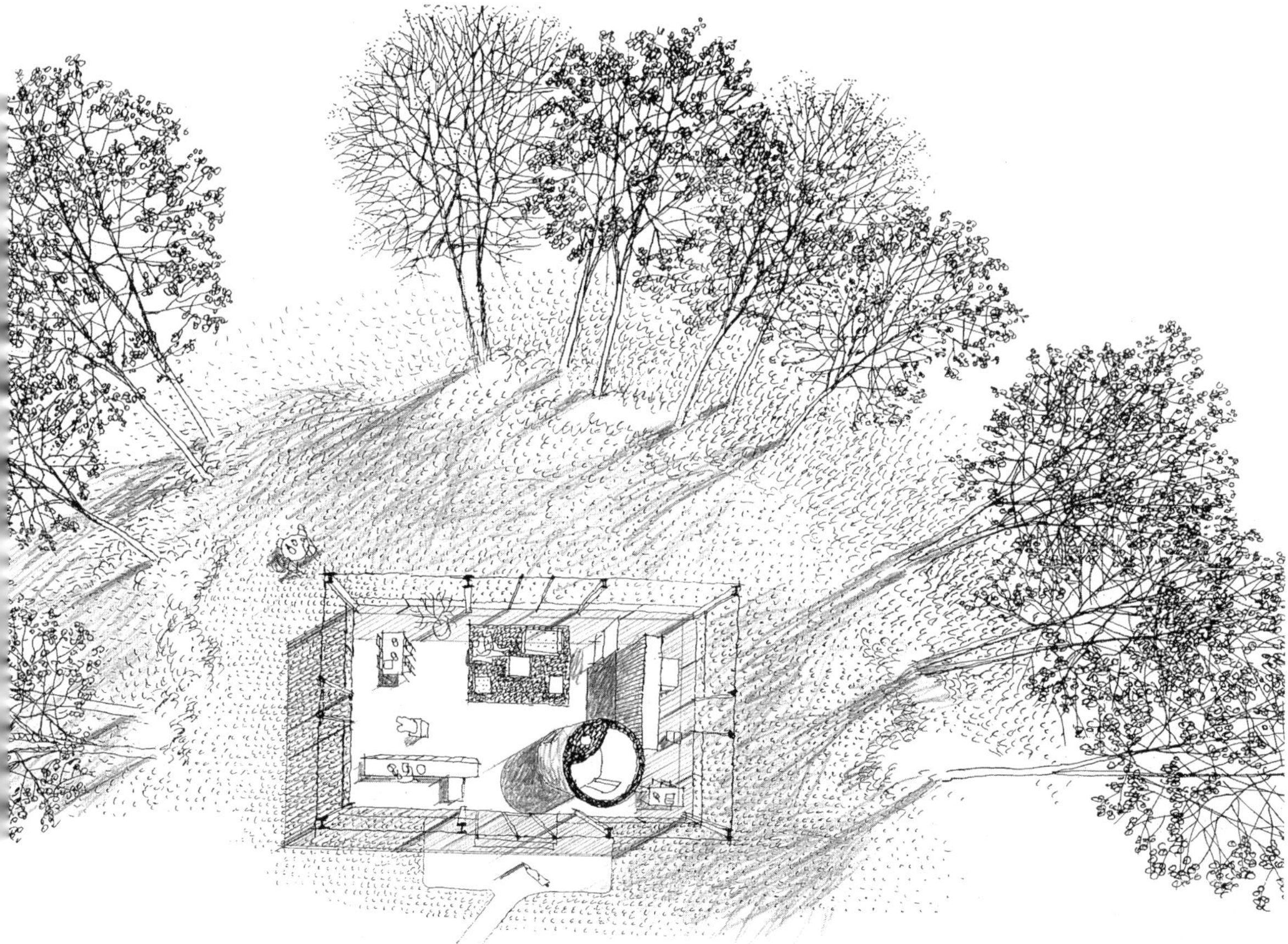

屋根をとって、真上から俯瞰する

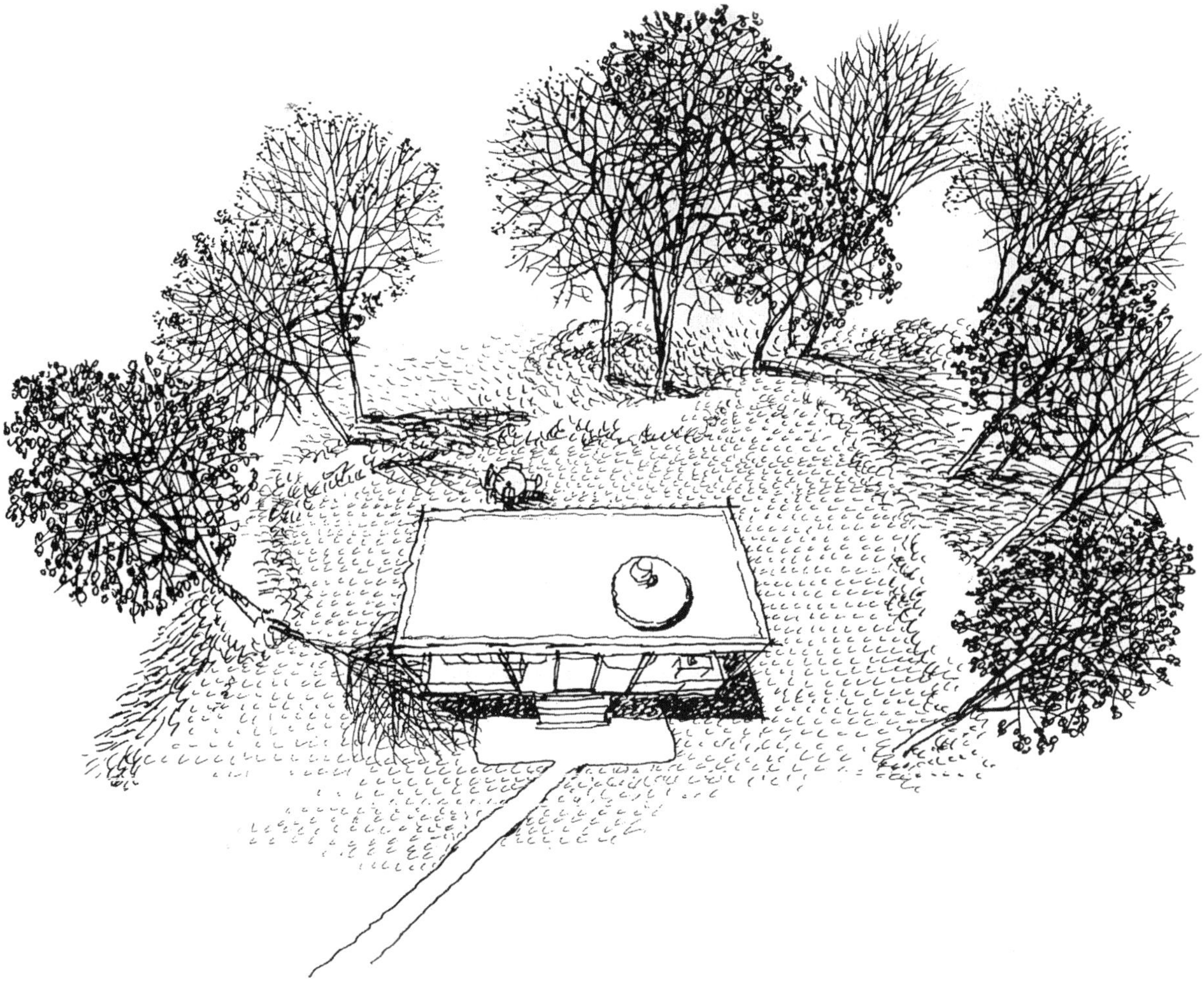

上から見た「ガラスの家」

上下二つの焦点で

○○○

左右に二つの焦点を結ぶ透視図（62頁）は、みなさんもよく見る機会があると思いますが、この上下二点の透視図はあまり知られていません。この図法は簡単な鳥瞰図で、建築全体の形を説明するのには大変便利ですから、ぜひ覚えてください。

簡単に説明すれば、幅が平行で、**高さと奥行きに焦点**を結ぶ図法です。ですから、焦点は垂直線上に上下二つ焦点を結びます。上の焦点（V_1）が奥行き、下の焦点（V_2）が高さ方向の焦点です。

この図法は高さの遠近が強調されますから、建築の上空を飛ぶ飛行機から見下ろしたように、臨場感あふれる構図になります。注意しなければならないのは、周囲の樹木の幹は高さの焦点（V_2）へ結ぶことを忘れないでください。

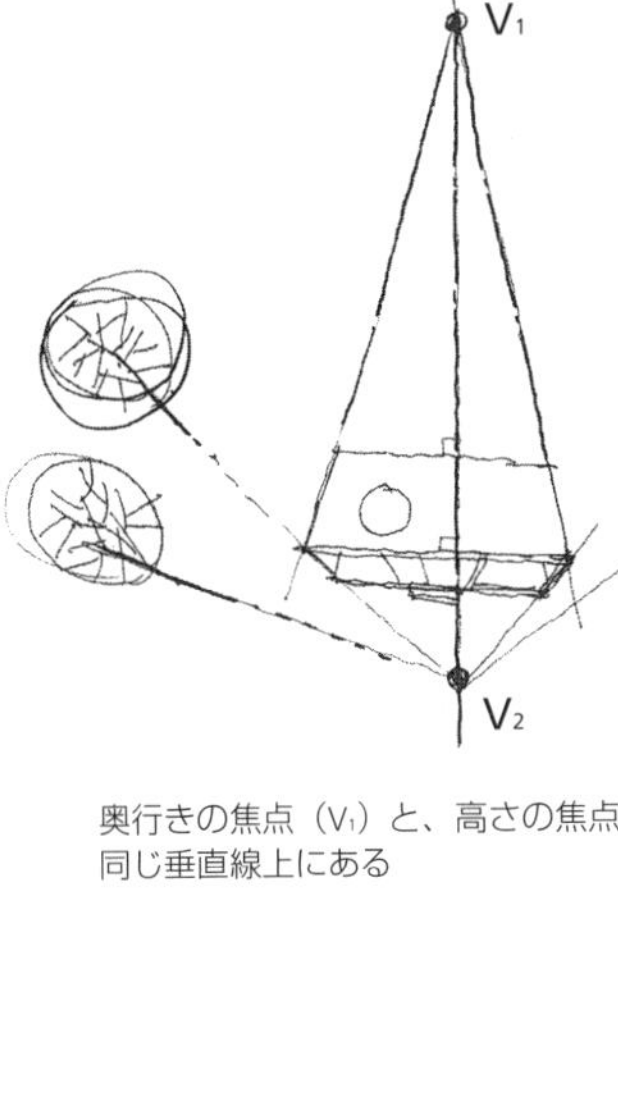

奥行きの焦点（V_1）と、高さの焦点（V_2）は、同じ垂直線上にある

平行に立ち上げ、立ち下げる

屋根伏図または平面図から平行に高さを与える図法です。平行透視図法、等角透視図法、またはアクソノメトリック図法とも呼ばれています。

右図（60頁）は「ガラスの家」の屋根伏図を基本図として、高さを**立ち下げて**描いた平行透視図です。

一方、左図（61頁）は「ガラスの家」の平面図から**立ち上げた**平行透視図です。

平面図からの平行透視図の描き方には、下の「描き順」のように、天井レベル平面図から立ち下げて描く方法と、床レベル平面図から立ち上げて描く方法の、二通りがあります。

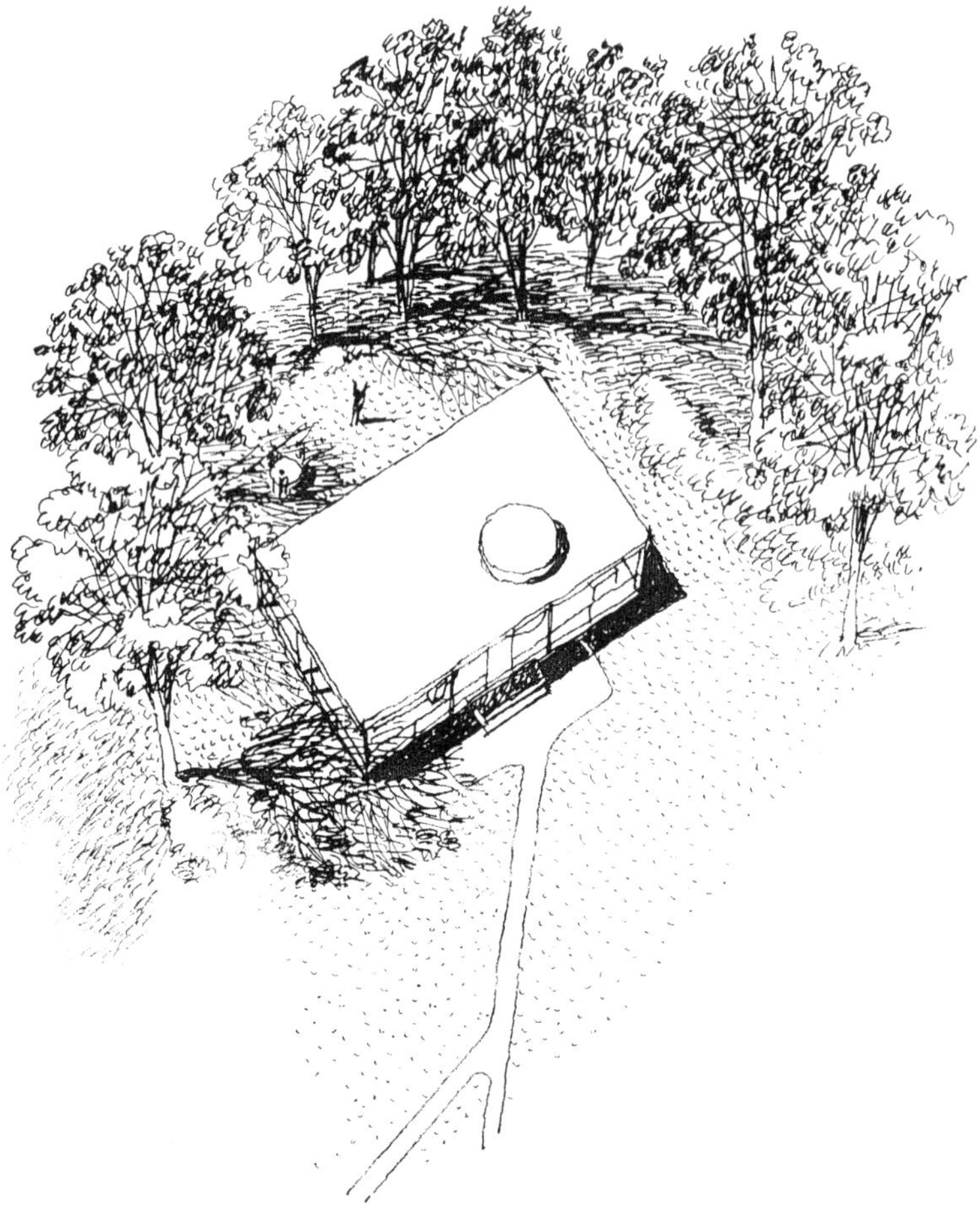

屋根伏図から高さを立ち下げて描いた平行透視図

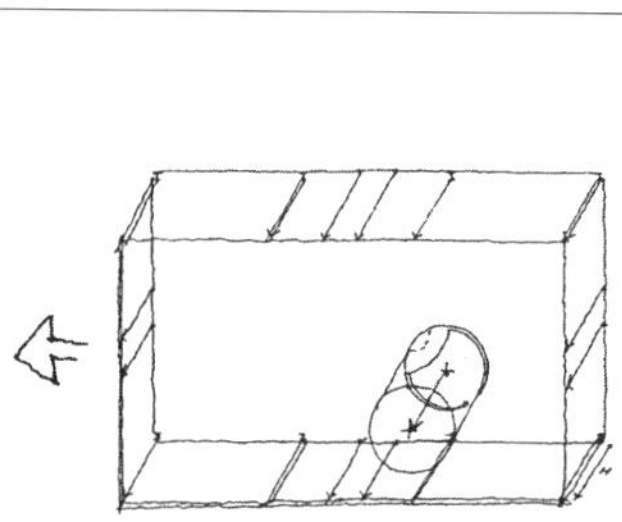

高さを立ち下げる

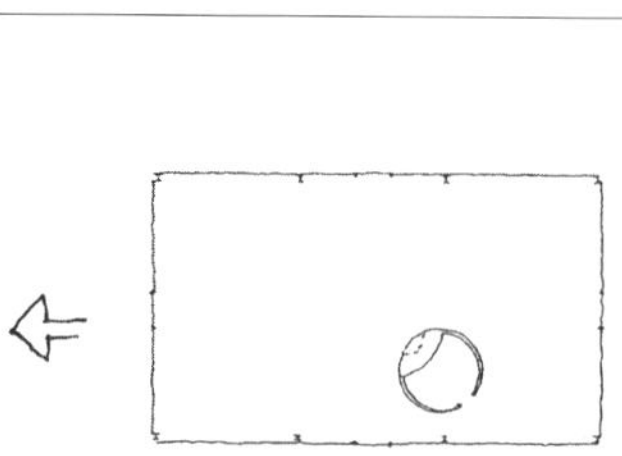

天井レベル平面図

平面図から立ち上げて描いた平行透視図

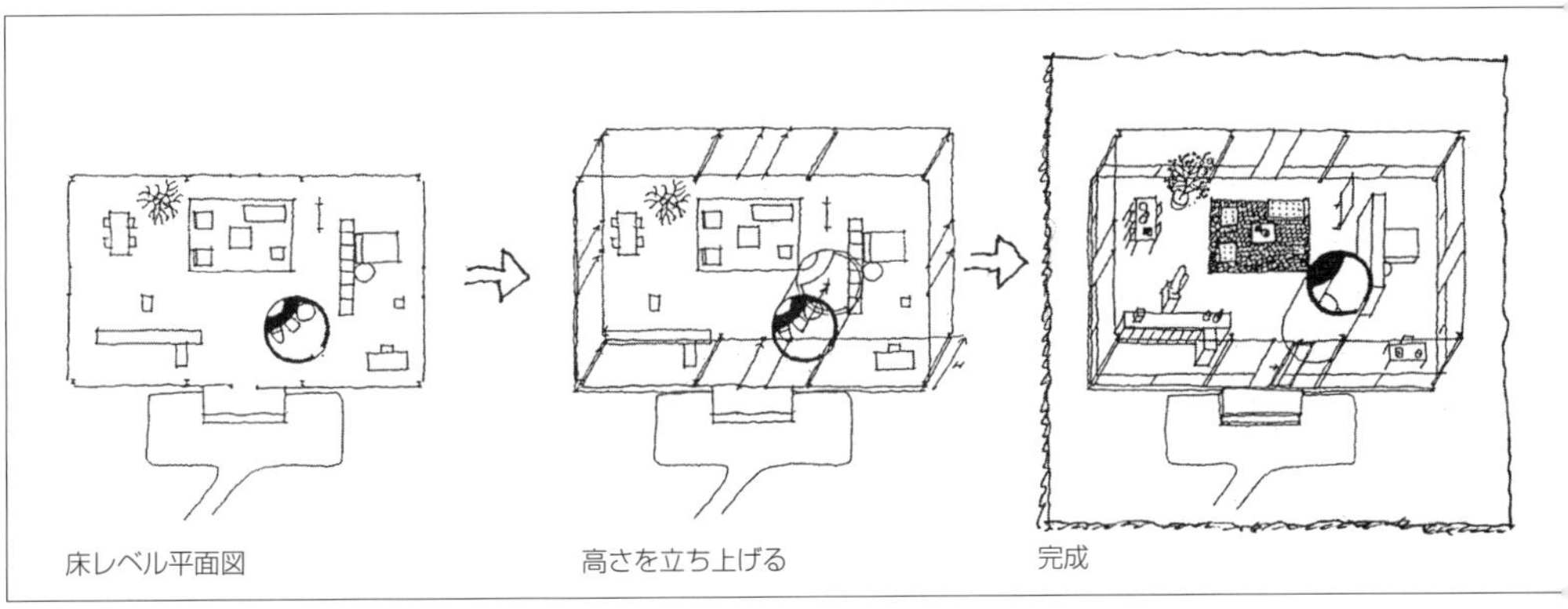

平行透視図の二通りの描き順
（天井レベル平面図から平行に立ち下げても、床レベル平面図から平行に立ち上げても、同じ完成図が描ける）

左右二つの焦点で

奥行きと幅に焦点を結ぶ二点透視図法です。

正確な図法は省略しますが、一点透視図と比較してみてください。見た目に自然に見え、構図に変化が出ます。

この「ガラスの家」は自然と一体化した透明感が特徴ですから、ガラスの表現は、何もないもの、すなわち透明なものとして描くことです。

二点透視図法で描いた「ガラスの家」。建築だけでなく、その周囲の環境を描き込むことが大切

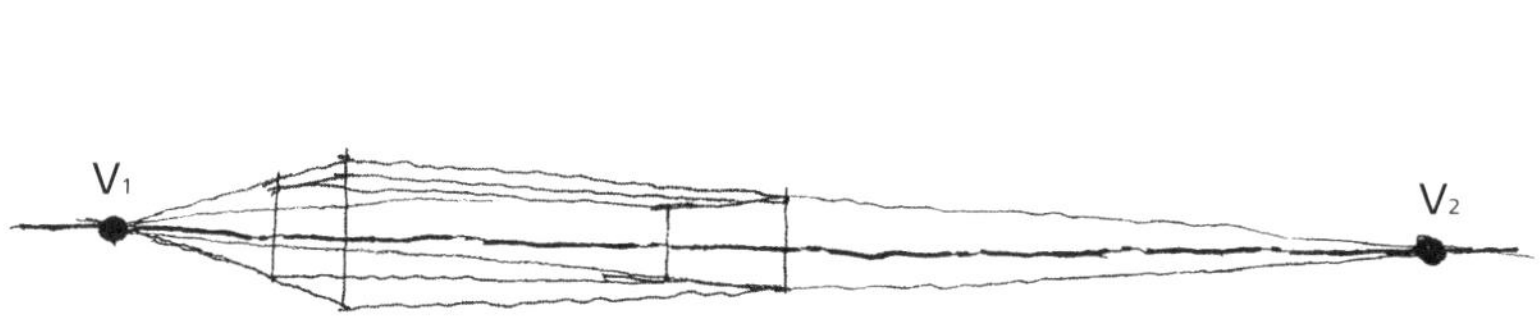

奥行きの焦点（V_1）と、幅の焦点（V_2）は、必ず同じ水平線上にある

第6章 インテリアを描く

インテリアは、一つの描き方を習得すると、
その描き方で複雑なインテリアでも描くことができます。
それは、奥行き方向に一つの焦点を結ぶ「一点透視図法」の描き方です。
その中で、やっかいなのが階段、そして斜めの壁と斜めの天井です。
その描き方を覚えてください。

展開図から描いた一点透視図（大きなハイサイドライトのあるインテリア）

展開図から描く

○○○

室内の一つの壁面（展開図）を基準にして描く簡便な一点透視図です。壁面に向かって、展開図となる壁に正対します。

①その壁に向かって視線を真正面に当てます。そこが焦点です。

②その焦点から壁と天井などの角々と焦点を結びます。

③床が正方形に見えるように、奥行きを決めます。この奥行きは、練習のため図法に頼らないで、自分の感覚で決めてみましょう。

④あとは、窓や家具類を描き込んでください。ガラス越しに外の庭を描きます。

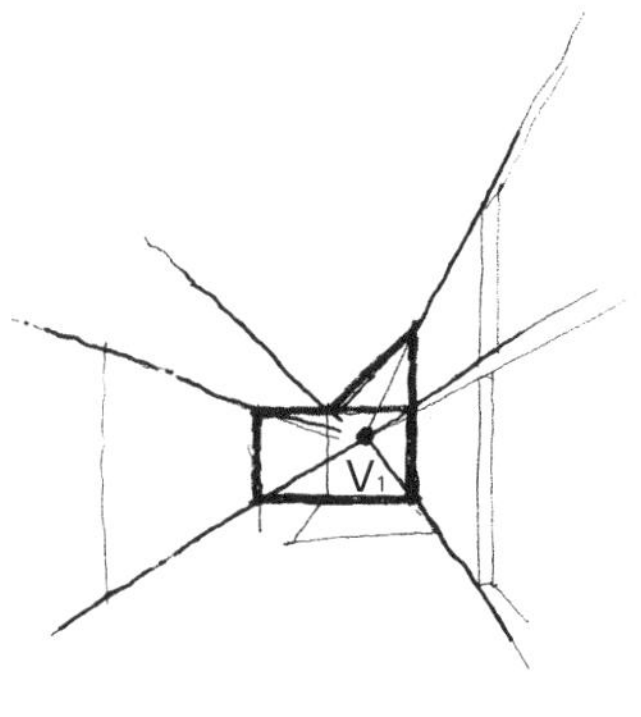

展開図を基本図にする

断面図から描いた一点透視図（右図と同じ断面のインテリア）

断面図から描く

○○○

建築の内部、すなわちインテリアを表現する描き方として、建築の断面を見せる**断面パース**があります。インテリアの様子と同時に、建築の構造や空間の重なり具合、高さなどを表現することができる図です。

①まず、大きな断面図を描きます。

②適当な位置に焦点をとり、おのおのの角と焦点を結びます。

③部屋の広さ、すなわち奥行きを決めます。この突当りの壁面が展開図です。

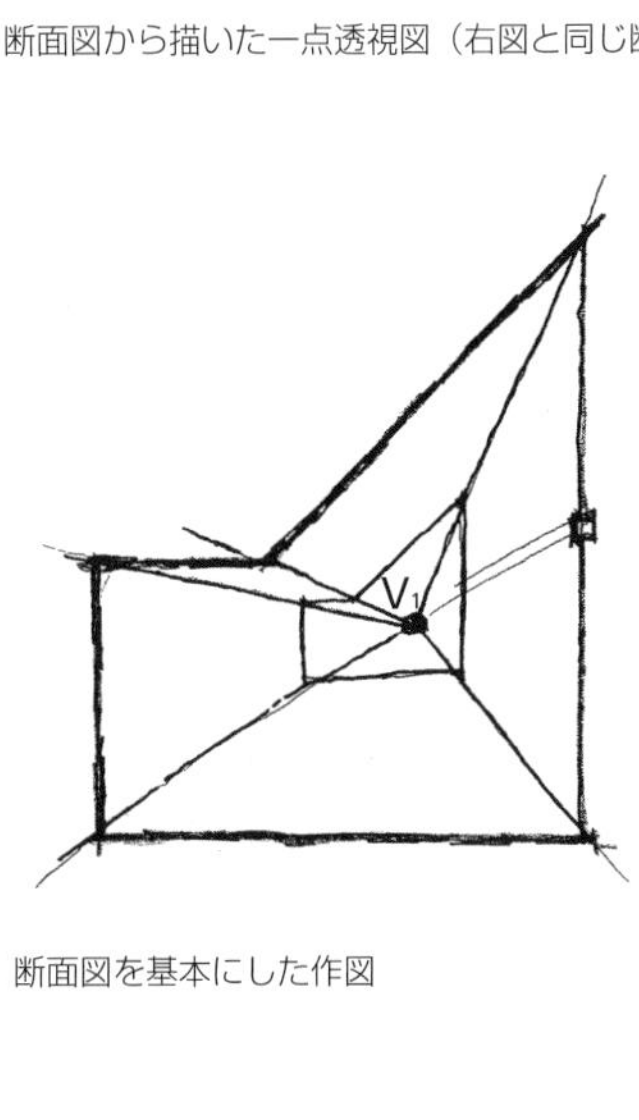

断面図を基本にした作図

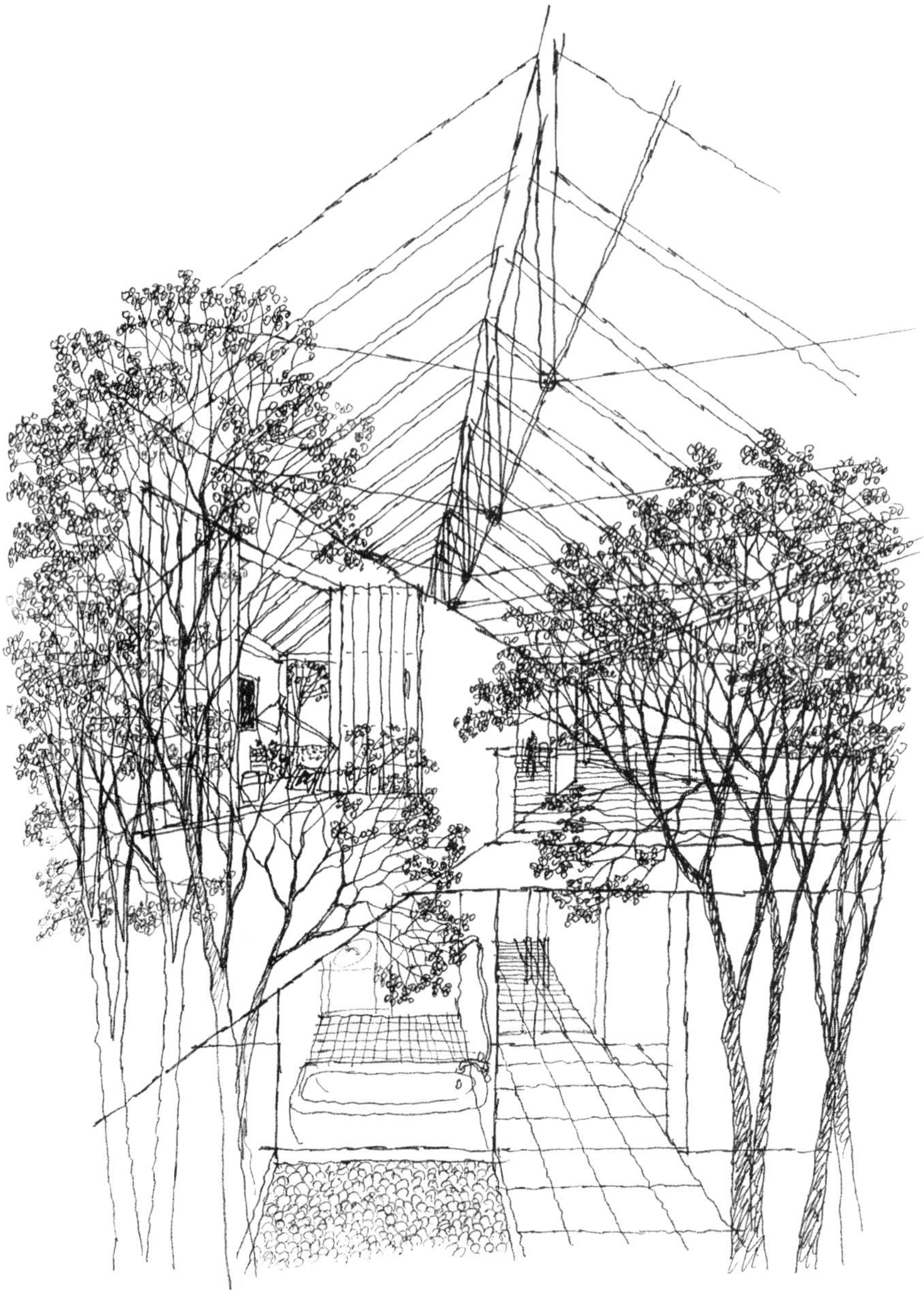

斜めの壁が貫入している半屋外空間

斜めの壁のインテリア

建築は形も造り方もさまざまです。しかし、私たちは四角く整形された建築や空間で生活していることが多いように思います。

そうした空間の中で生活し、見慣れていると、三角形の空間や、壁が斜めになっている空間での生活体験は心地よい刺激を与えてくれて楽しいものです。

その斜めになっている壁をスケッチや図において、きちんと斜めに見えるように表現するためには、ちょっとしたコツが必要です。

通常の**部屋の焦点と斜めの壁の焦点は、同じアイレベル上**にあります。斜めの壁の窓や開口部も、この焦点に結ぶことを忘れないように気を付けてください。

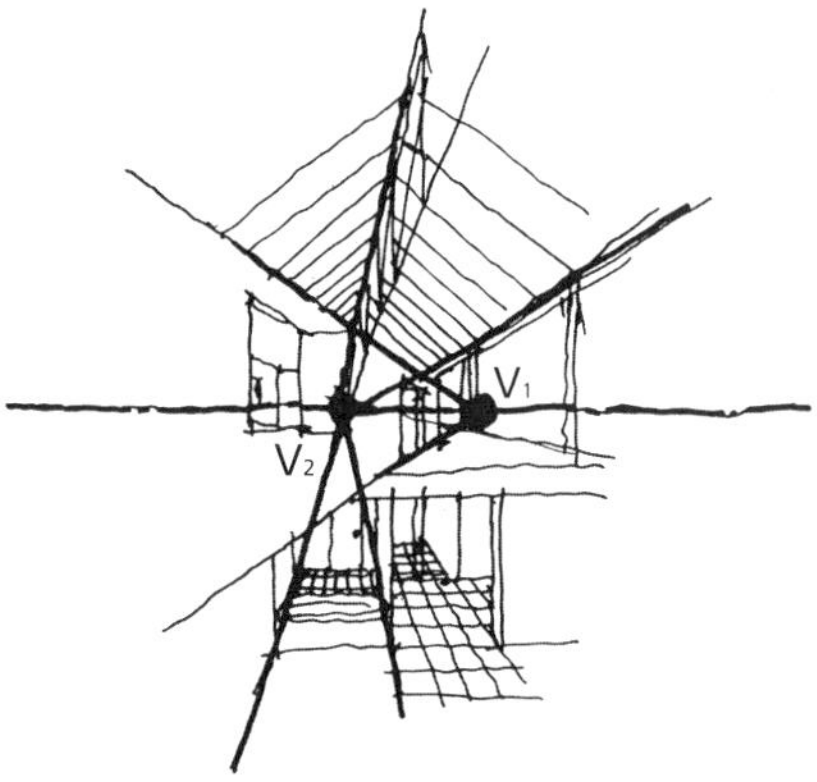

斜めの壁の焦点（V_1）と、正対した焦点（V_2）は、同じ水平線上にある

大きな吹抜けの中に、斜めに置かれたボックス

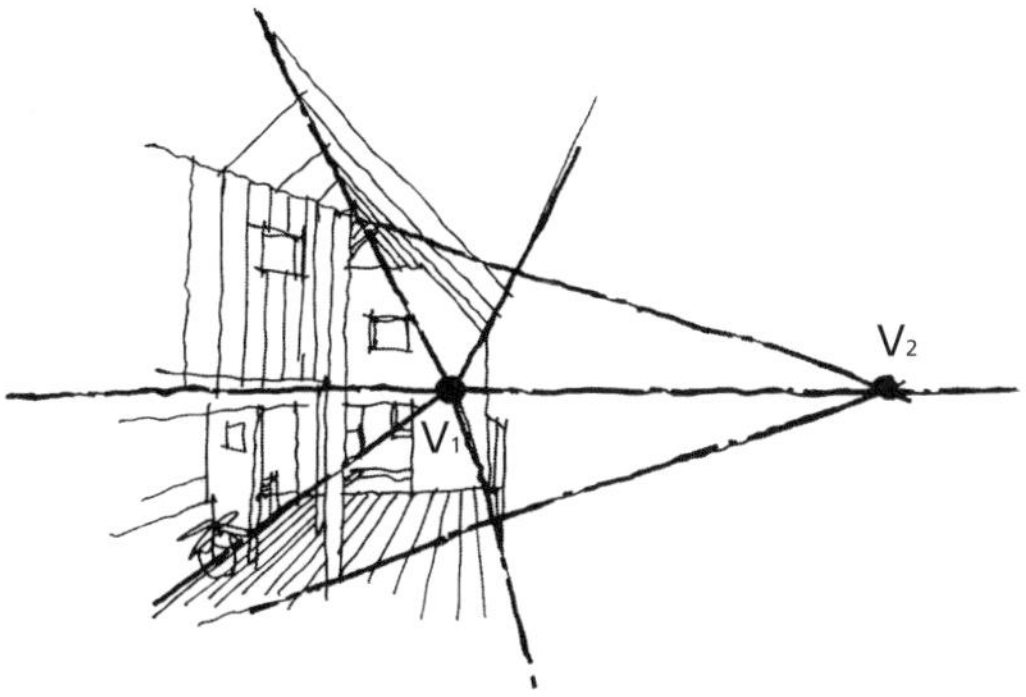

吹抜け空間の焦点（V_1）と、斜めに置かれたボックスの焦点（V_2）は、同じ水平線上にある

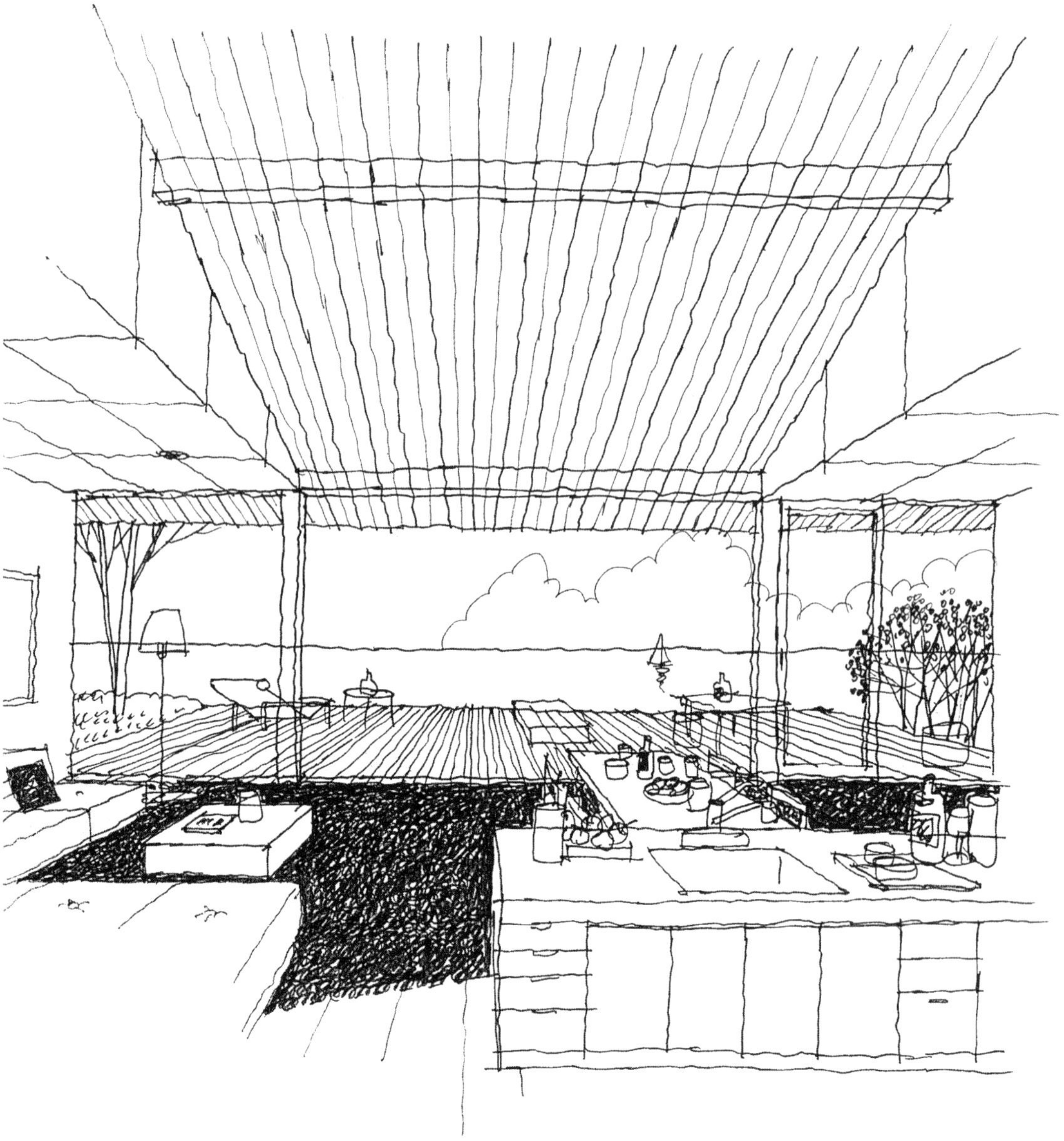

水平天井と先下がり天井のあるインテリア

斜めの天井を描く

○○○

水平の天井の描写は問題ないと思いますが、下がり天井などを描いてみると、意外と斜めになっているようには見えないものです。

これは階段や斜路と同じように、室内の焦点の垂直線上に、斜めの天井の焦点があることに留意して描いてみてください。いわば、**一つの垂直線上に室内の焦点と斜めの天井の焦点の二つの焦点**があるのです。右上図のように下がっている天井は下方に天井の焦点があり、左上図のように逆に上がっている天井は、室内の焦点の真上にあります。

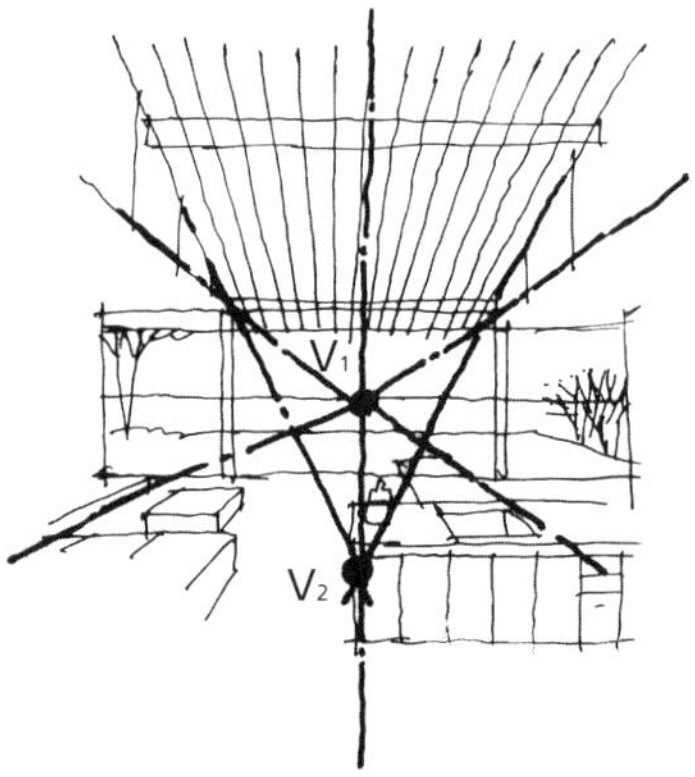

水平天井の焦点（V_1）と、先下がり天井の焦点（V_2）は、同じ垂直線上にある

先上がり天井のある半屋外空間

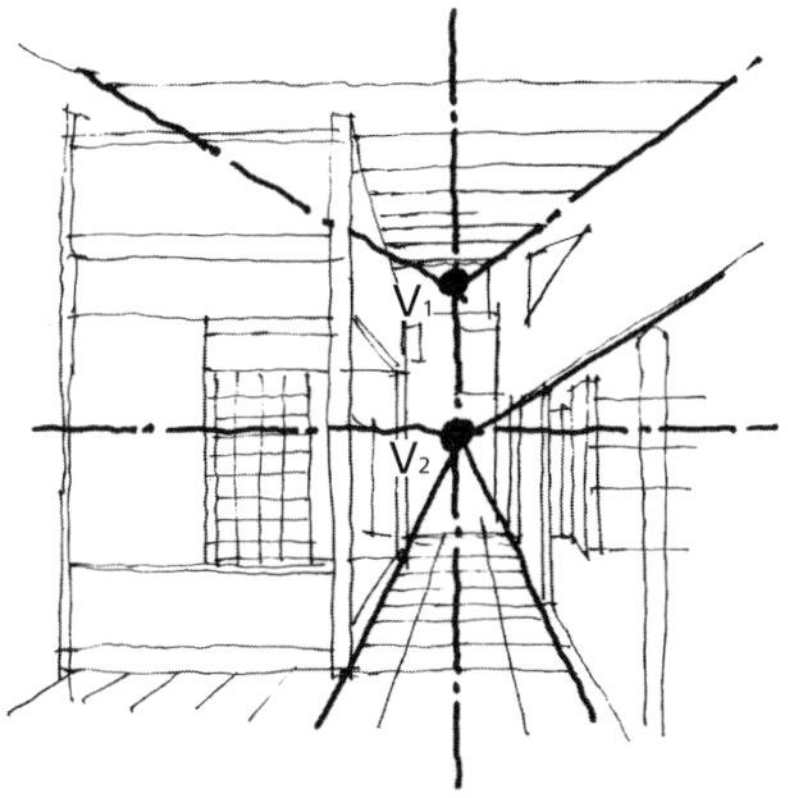

先上がり天井の焦点（V1）と、水平レベルの焦点（V2）は、同じ垂直線上にある

階段のある中庭と、それに面したリビング

階段を描く

室内の階段や斜路を描いてみましょう。第3章の「階段のある道を描く」で述べた階段の描き方の原理と同じです。必ず階段の勾配の焦点は、**室内の焦点の垂直線上**にあります。**上りの階段の焦点は上方に、下りの階段の焦点は下方**にあります。正確な図法で描かなくてよいですから、これを意識して描いてみると、きちっとインテリアの中に納まって見えませんか。

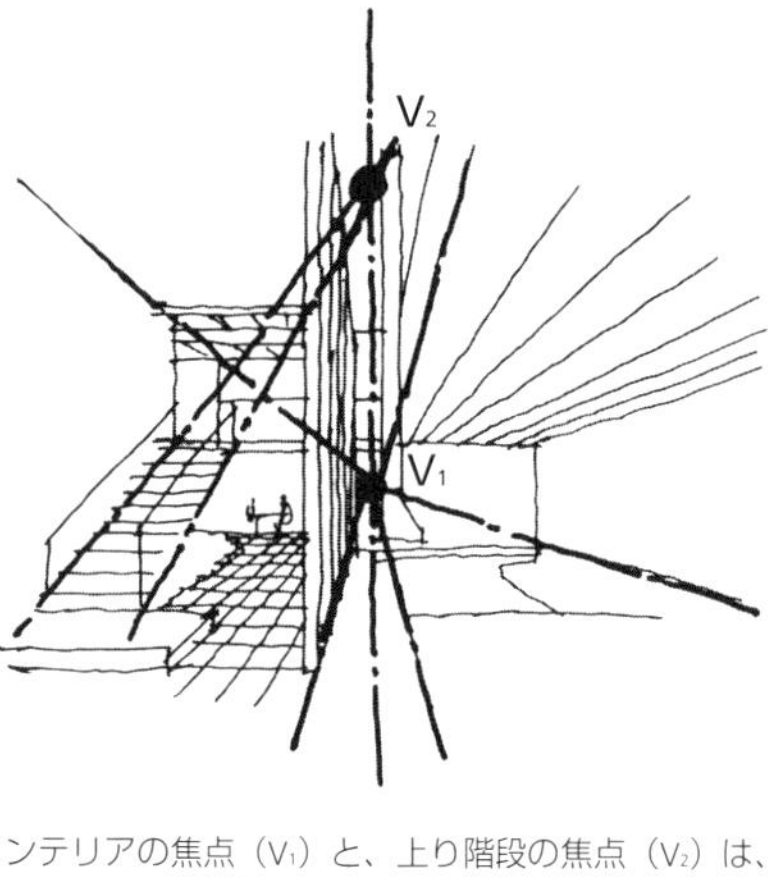

インテリアの焦点（V_1）と、上り階段の焦点（V_2）は、同じ垂直線上にある

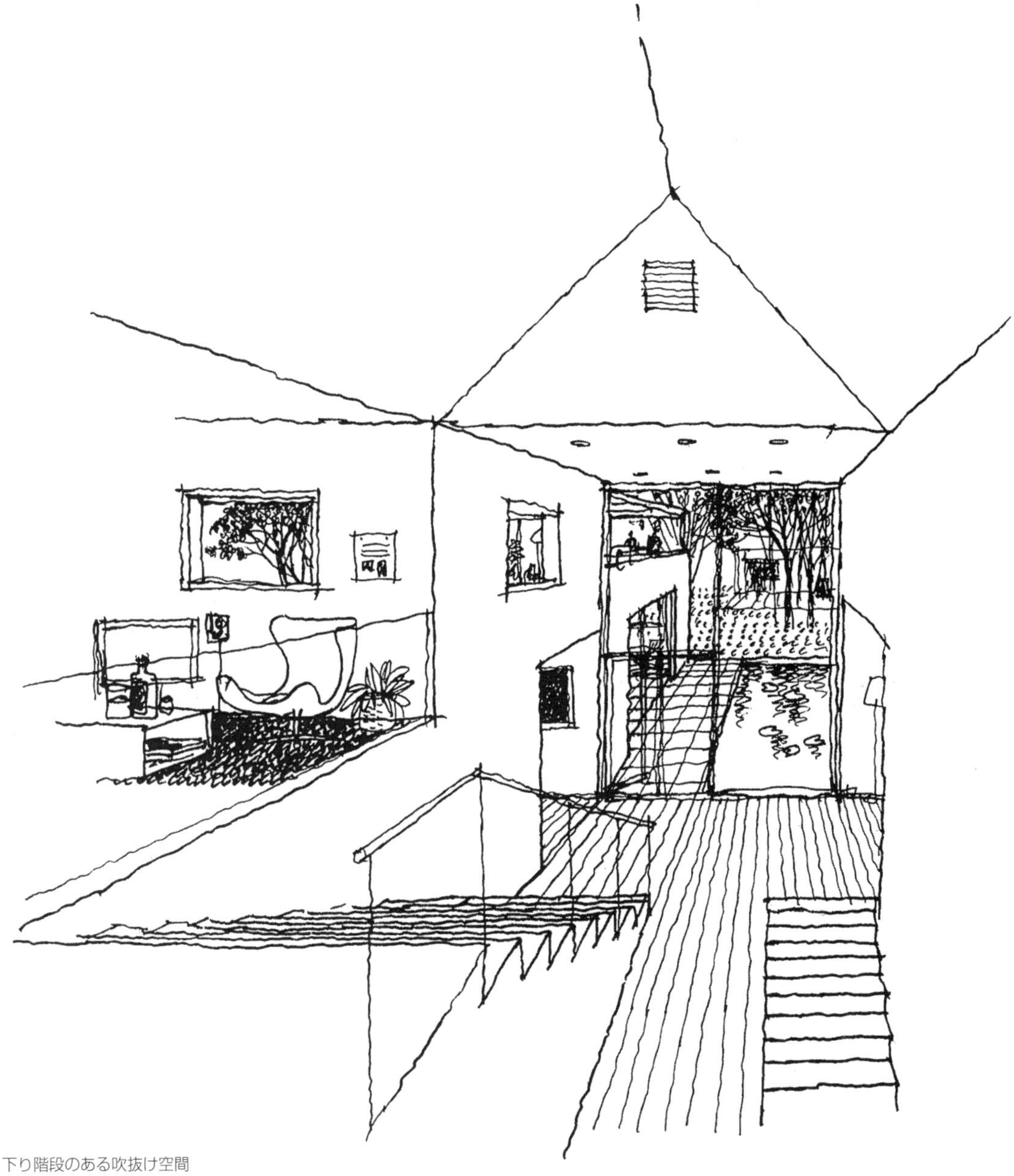

下り階段のある吹抜け空間

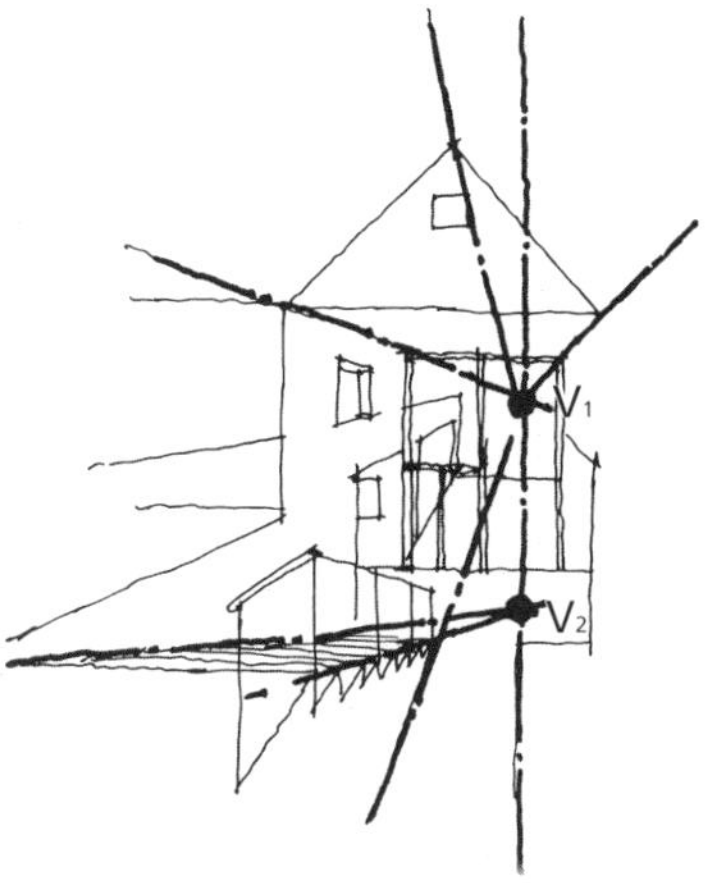

吹抜け空間の焦点（V_1）と、下り階段の焦点（V_2）は、
同じ垂直線上にある

円形を描く

スケッチが手馴れている人でも、この円形のものを丸く見えるように描くのはなかなか難しいものです。

狂いのないように**一点透視図法**で描いてみてください。

円が内接する正方形を図法で描き、その正方形に接する円の各交点を透視図上に求めればよいのです。

左図を見てください。図のような正方形とそれに内接する円の平面図を描き、それぞれの交点を決めます。特に対角線の交点は、正方形の一辺の二分の一を10対4の割合の線との交点を求めると、八つの点が求められます。その図形の平面図を一点透視図で描けばよいのです。

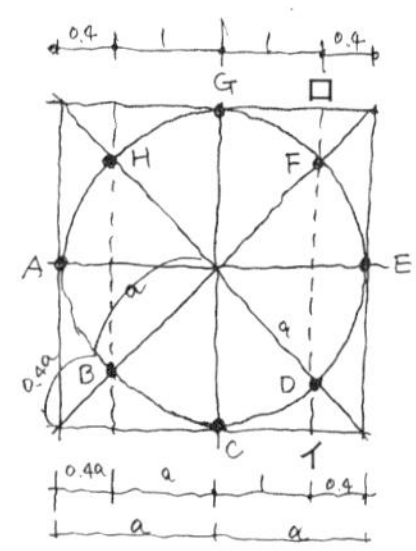

正方形に内接する円の接点（A、C、E、G）と、対角線との交点（B、D、F、H）を求める

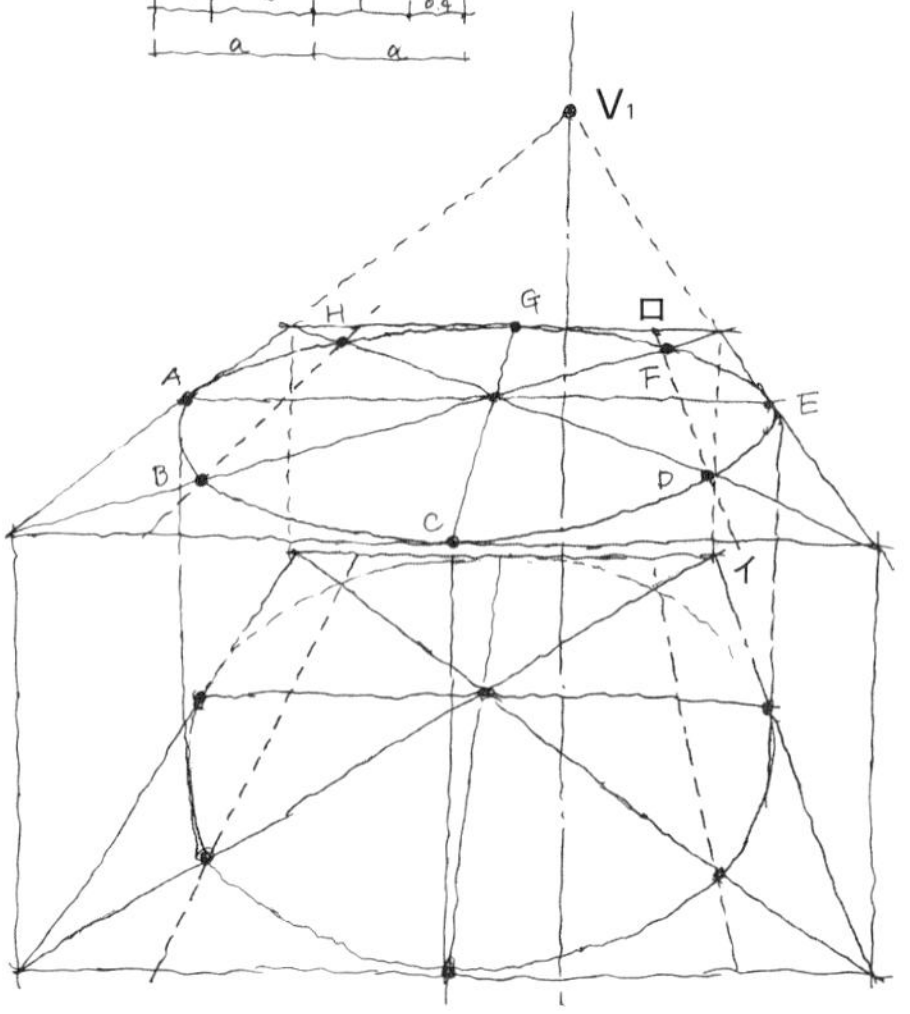

円が内接する正方形に焦点（V_1）をとり、奥行きを与える。図のように、半径を1：($\sqrt{2}-1$)の割合に分割した線（イ、ロ）との交点が、円と対角線の交点となる

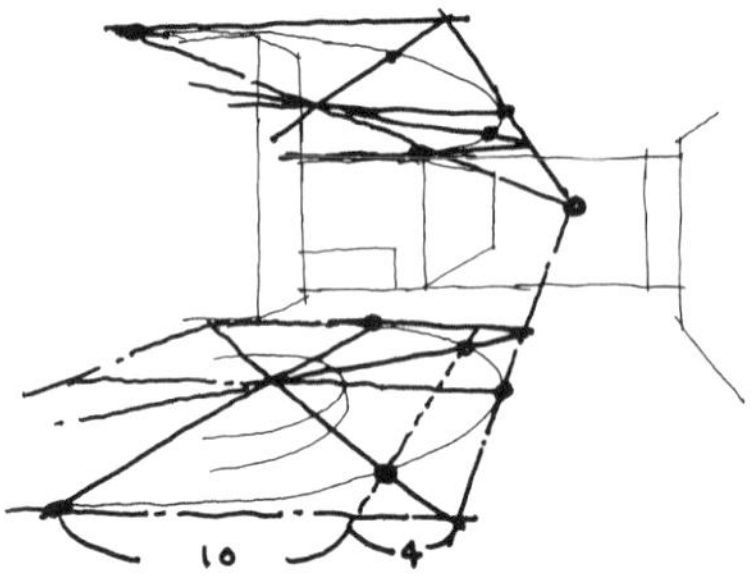

下の透視図を描くための作図

円形ピットのあるインテリア

第7章 簡単なプレゼンテーション

プレゼンテーションとは、自分の考え方やデザインを相手にわかりやすく効果的に伝えることです。クリスマスや誕生日に、恋人にプレゼントをするのと同じ気持ちで、心を込めてスケッチや図面を描いてください。

一本の樹木が、スケッチに印象的な効果を与える

主役を引き立てる添景

建築を立体的にわかりやすく表現するのが透視図です。しかし、表現する建築がどんなにうまく描けたとしても、周囲の環境が適切に描かれていなければ、設計の意図を正確に伝えることができません。

いわば、建築が主役だとすれば、それを引き立てる脇役が建築の周囲の**樹木**や**自動車**、また**人物**などです。それらを添景（点景）と呼んでいます。ときには脇役は主役以上に重要な役割を果たします。それはおそらく、自然の存在なくして私たちの生命も生活も維持していくことは不可能だからかもしれません。

添景の様子によって建築がどのような**自然環境**にあるかが表現できますし、人物や自動車が描かれていれば、大まかですが建築の**大きさや空間の広さ**なども理解させることができるはずです。

普通、建築は定規で描くこともできますが、樹木や車など複雑な形は、いくらコンピューターの性能が進歩したとしても人間の手でなければその味を出せません。

まずは、一本の樹木を描く練習をしましょう。姿のよい樹木をスケッチすることです。樹木の枝の付き具合、葉の形などの樹木の骨格の特徴をよく見ることです。添景にはケヤキなどの落葉樹がよく似合います。

最初に幹を描き、枝を付け、小枝を描きます。枝の形や枝分かれの状態をよく観察してください。枝を細かく描けば、葉を付けなくてもよいと思います。

幹は細く、小枝を細かくたくさん、葉をチョコッと、が樹木を描くコツです。

樹木を描く

樹木のスケッチでは、幹と枝の付き方の特徴を観察しながら描く

林や森は一本の樹木の集積。まず、幹と枝を描く

幹と枝を描き、それに葉を付けていく。人物を描くと、木の大きさがわかる

枯れ木（右）と新緑（左）の様子――幹は細く、小枝を細かくたくさん、葉を少なめに描くのがコツ

ある別荘地の林

樹種による枝付きの特徴をスケッチする

竹林。枝と葉の形の特徴をとらえて描く

韓国の松林

自動車の形を正しく描く練習

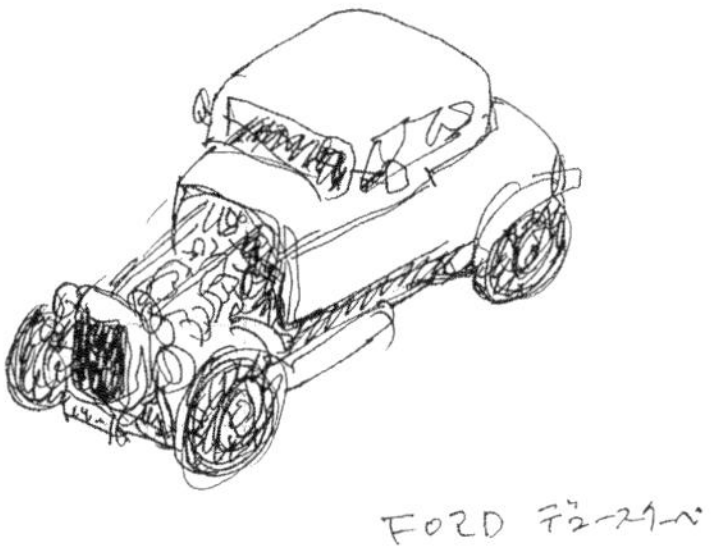

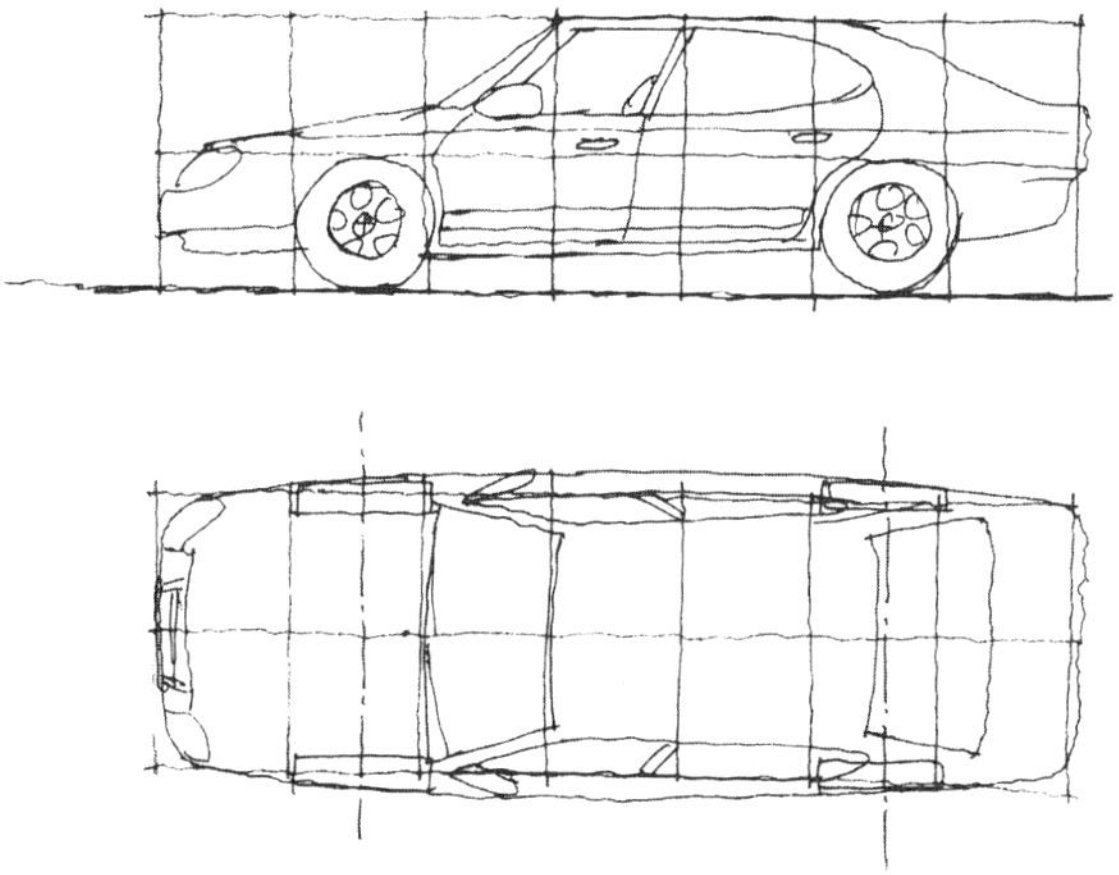

自動車のプロポーションを知る——グリッドに分割し、自動車の立面図、平面図を描く

自動車などのプロポーションと仕組みを知るための練習

人物を描く

人物を描く練習

人物のいろいろな姿を描く練習——グリッドの中に人物の五体を入れ、それを基本に描く

遠景の中に人物を描くと、空間のスケールがわかる

影を付けると、立体的に見える ○○○

物体に光が当たると、陰影ができることはいうまでもありません。その明るい部分と暗い部分の微妙な違いによって、その物体の形を正確に認識できるわけです。

二次元上に描かれた建築の立面図に影を付けると、同じく立体的に見えます。この陰影を付けて立体的に見せる表現技法はぜひ習得してください。

影を付けることは難しいことではありません。スケッチの段階では感覚だけでよいのですが、徐々に正確に陰影を付けられるようにしてください。

高さと影の長さは比例する。そして、**太陽光は平行である。**この二つの原則を忘れないでください。

凹凸の奥行きの比率で影の長さを決めます。太陽高度が四十五度のとき、一メートル出た庇があれば、一メートルの長さの影を描けばよいのですが、図面の調子によっては影を短くし、または反対に長くして立体的に見えるように調節します。

住宅の平面図に影を付けて、立体的に見せる

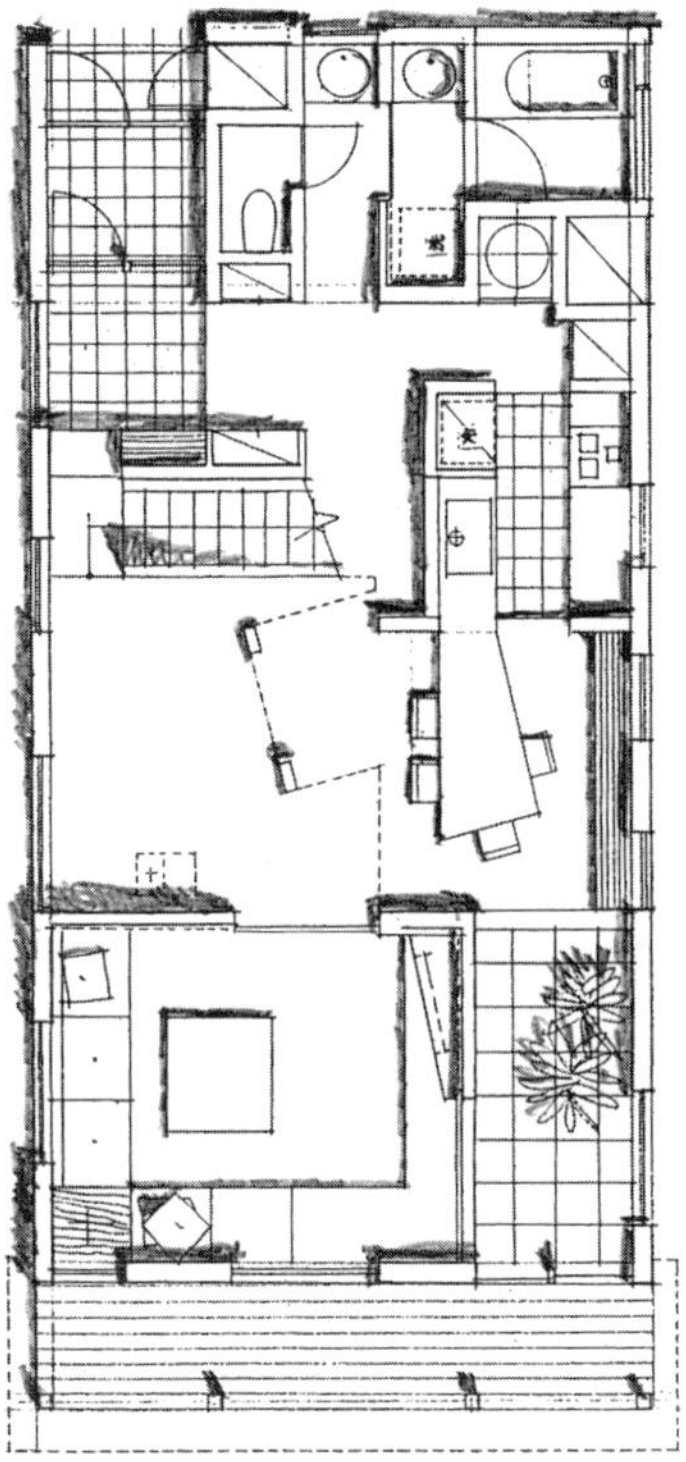

平面図に影を付けて、壁を浮き立たせる

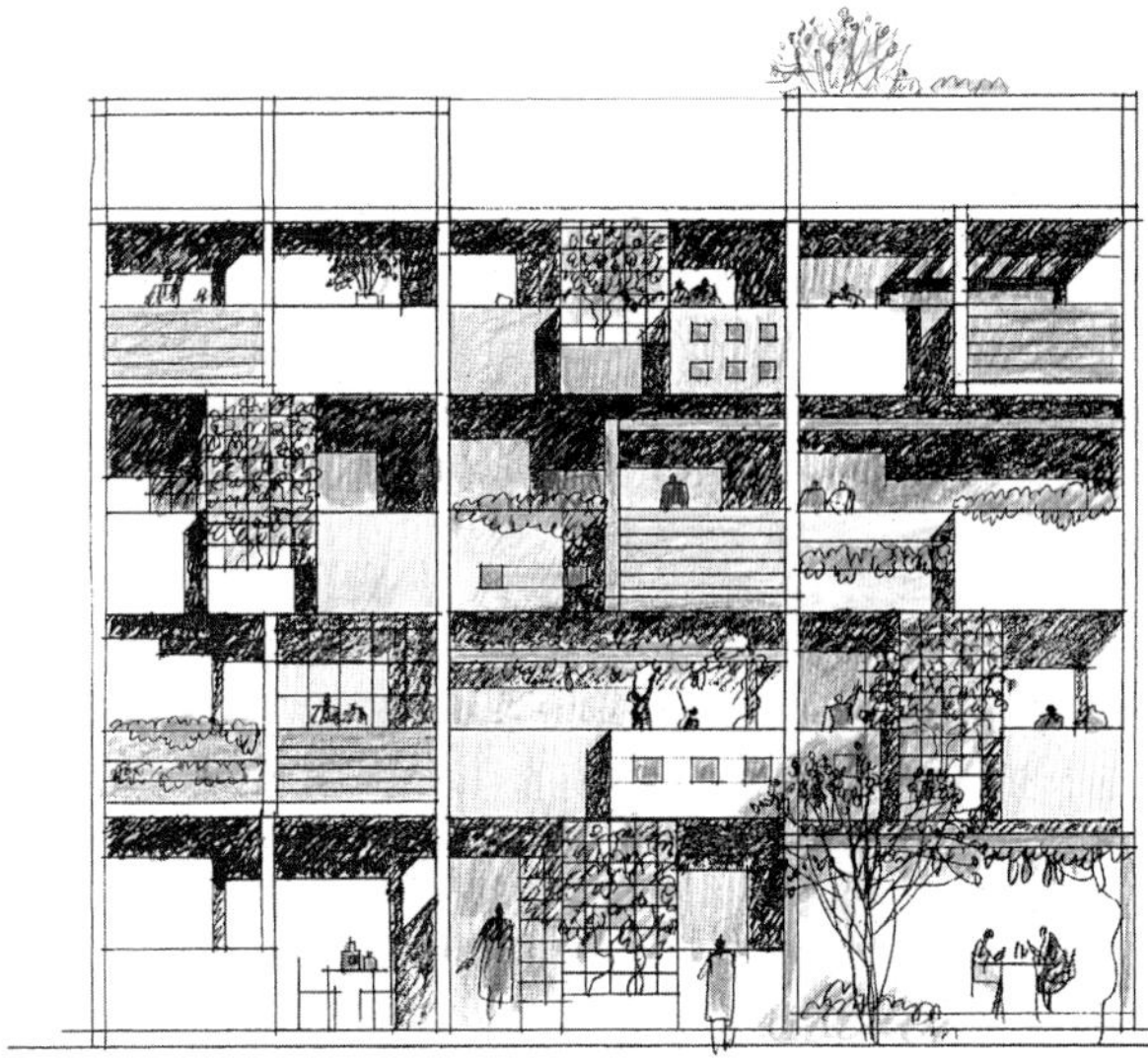

立面図に影を付けて、建築を立体的に見せる

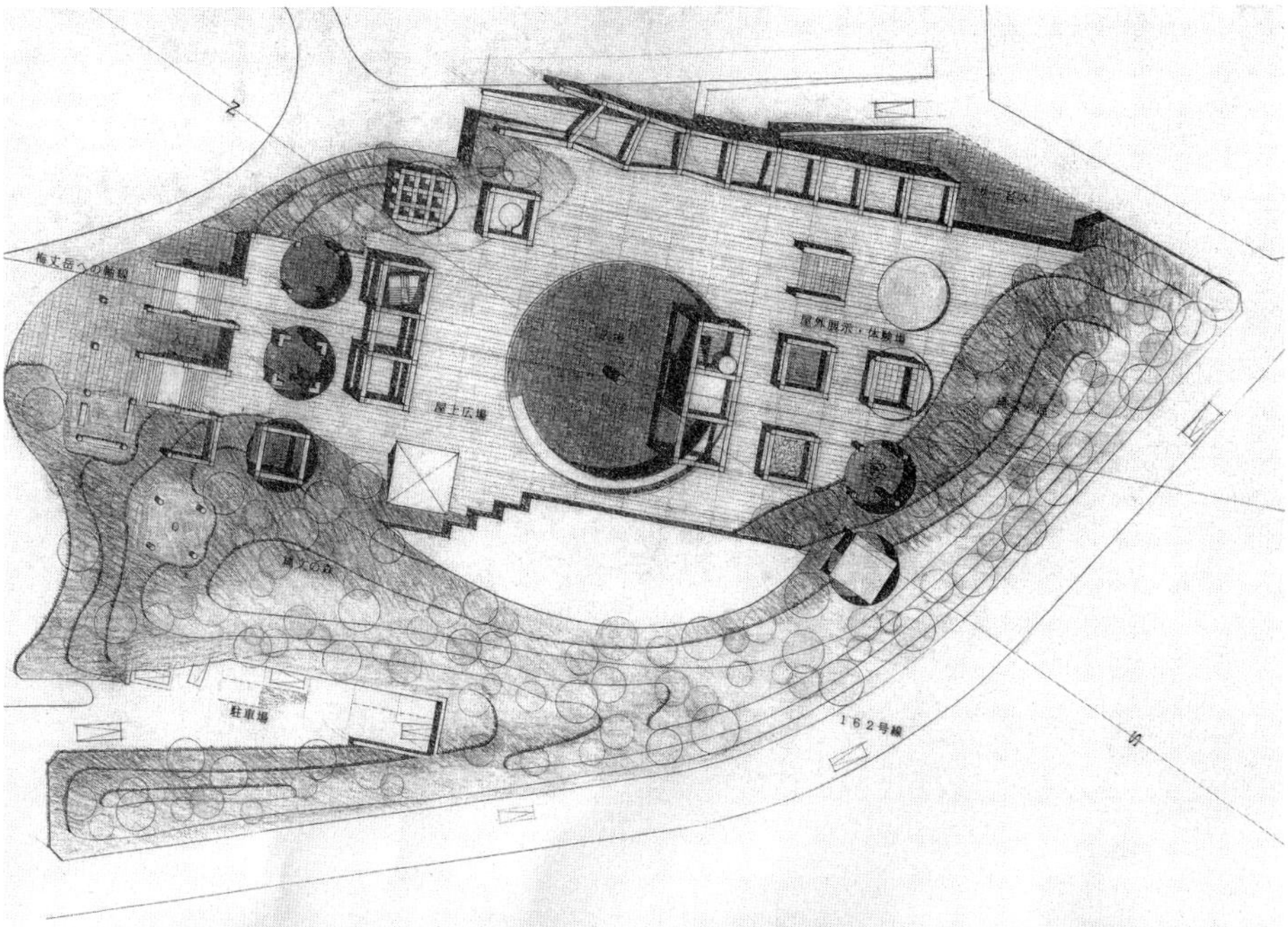

影を付けて、建築や土地の起伏を表現する

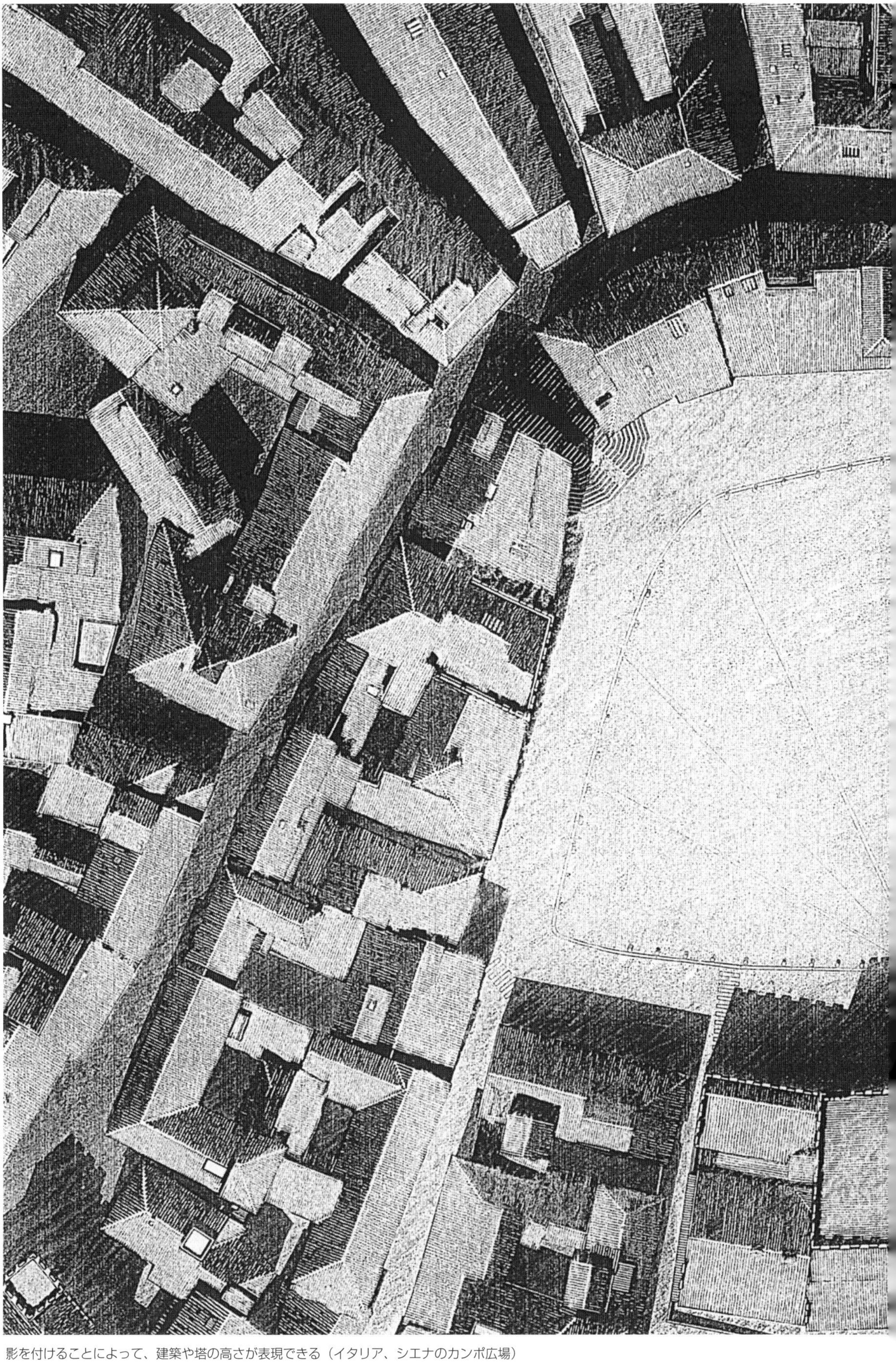

影を付けることによって、建築や塔の高さが表現できる（イタリア、シエナのカンポ広場）

小さな山荘の表現法

これまでスケッチの描き方、そして、簡易的な透視図の描き方を学んできました。

ここで、自分自身が考えた建築空間を、簡単にプレゼンテーションする練習をしてみましょう。

立体は三次元空間ですから、平面図や横から見た立面図など、二次元上に描かれたいくつかの図面の情報を合わせて立体を表現します。そうしたいくつかの図面を一つ一つきちっと描きます。

その中でも建築の平面図は、部屋の広さや空間のつながりを表す基本的な図面です。しかし、部屋の広さや空間のつながりを描いただけでは、この本を見てスケッチを学んできたみなさんにとっては十分とはいえません。

それぞれの部屋がどのような使われ方をするのかを**部屋名を書かなくても**、だれでも理解できるようにわかりやすく描写してほしいのです。

それには、床の材質が何であるか、また椅子やテーブルなどの生活用具、また便器や浴槽など生活に必要なものを描き込めば、その部屋がどのような用途であるかが一目でわかるはずです。プレゼンテーションの極意はこの**一目でわかる、わからせる**ことなのです。

そして、必ず**周囲の環境**、すなわち道路とのつながりや庭の樹木などを描くことを忘れないでください。

ここに示したプレゼンテーションの例は斜面地に立つ山荘です。緑豊かな自然の中にありますから、平面図にも、立面図にも樹木の描写は欠かせません。立面図や断面図では建築の手前や、建築の裏側にある樹木も描き込みましょう。

また、**平面図に影**を付けてみました。こうすると壁が浮き出て見え、開口部との差がはっきりして見やすい図面になります。

いろいろ工夫をしてあなた自身しかできないユニークな表現を試みてください。

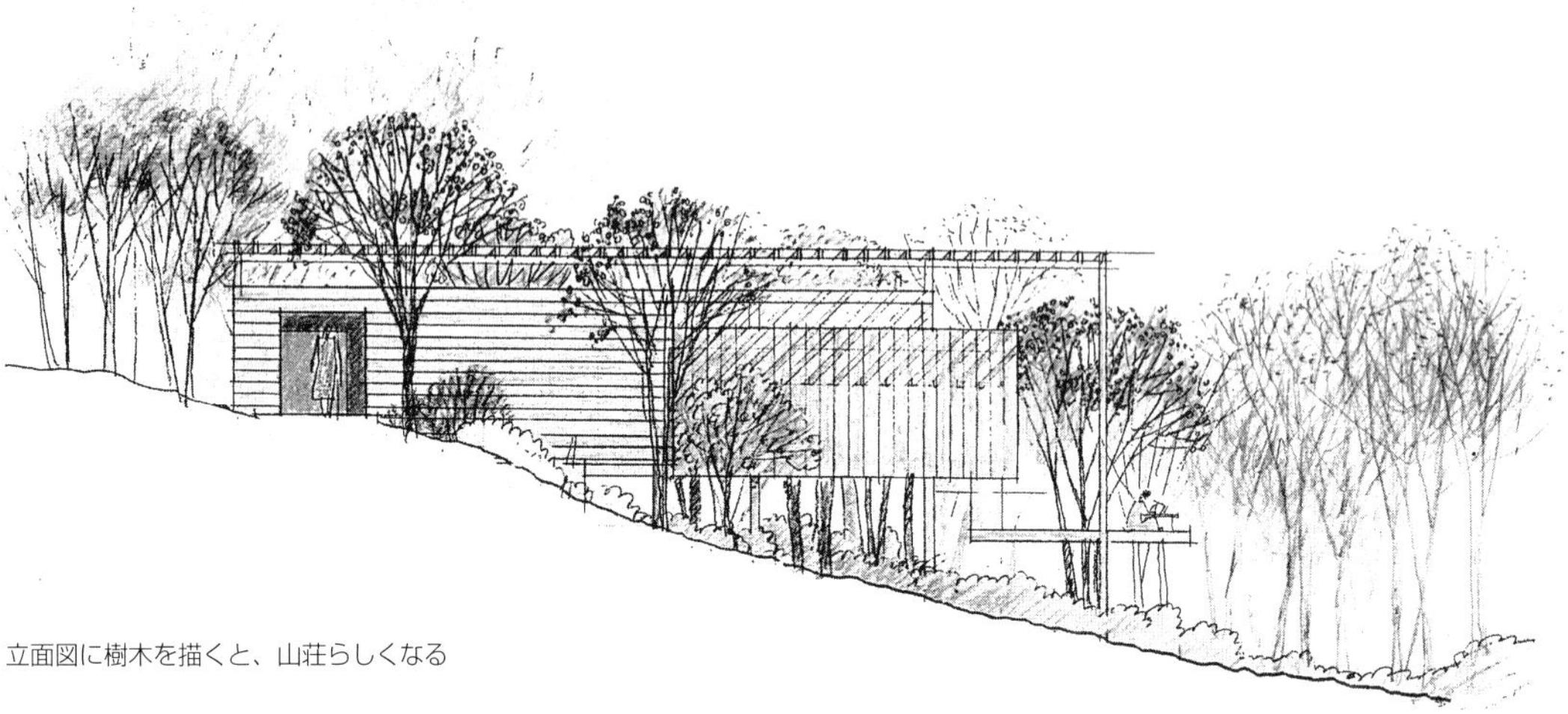

立面図に樹木を描くと、山荘らしくなる

断面図に人物を描くと、山荘の生活の様子がわかる

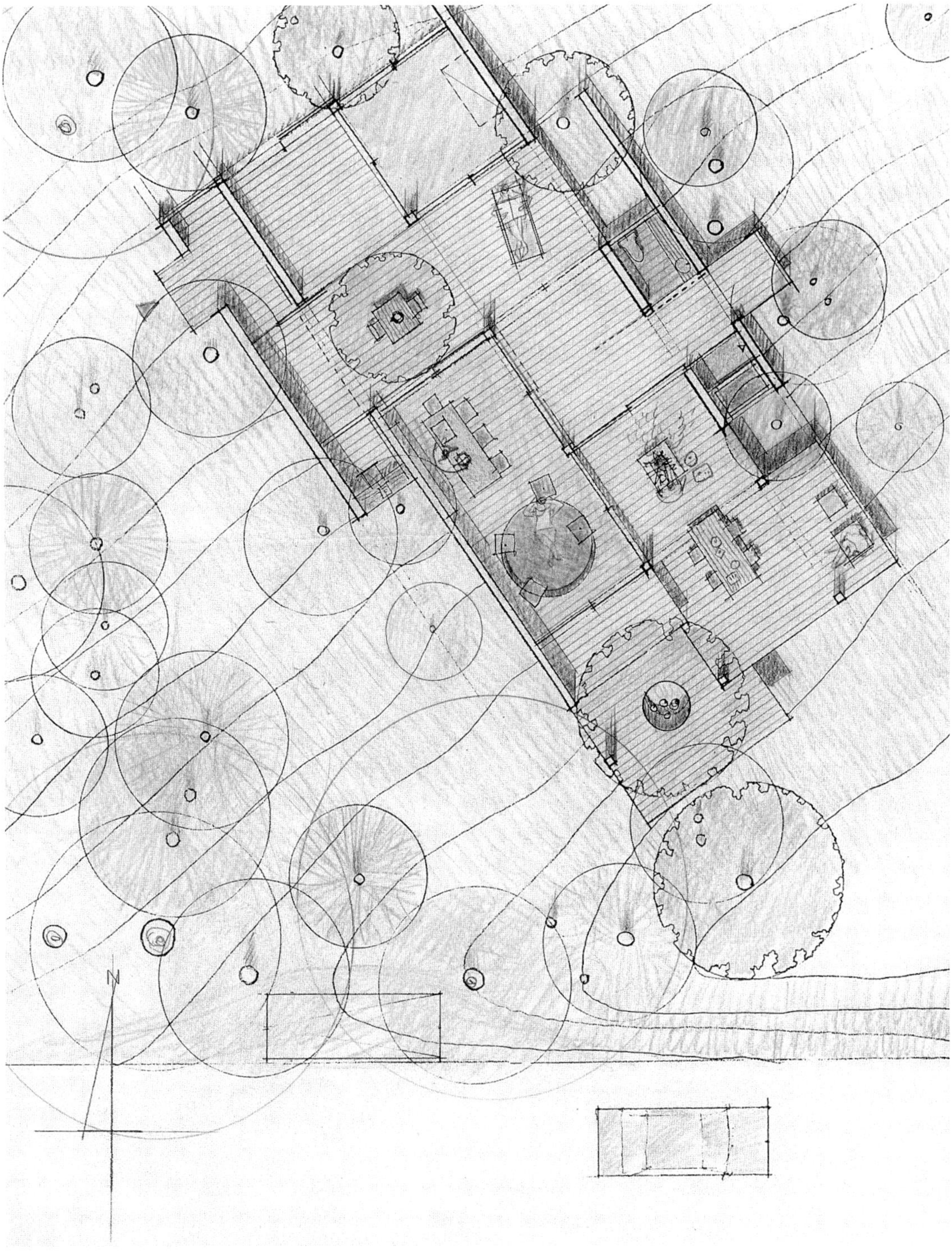

配置平面図に等高線や樹木を描くと、山荘の立地条件がわかる

自然幼稚園のプレゼンテーション

これは、ある自然幼稚園の計画図です。子供を自然の中で養育しようとする考えの幼稚園です。建築を建て、余った敷地に緑を植栽するのではなく、自然の林の中に、建築をそっと建てるという幼稚園です。林の中に川や池があり、川岸には岩や砂場がありまず。そうした**自然の環境の表現**をしっかり描かなければ、この幼稚園の設計の意図が表現できません。

このような自然の景観は自分で考えても考え出せるものではありませんから、実際の川辺の様子をスケッチして覚えておかなければなりません。もしそれができなければ、必ず写真などを見て描いてください。

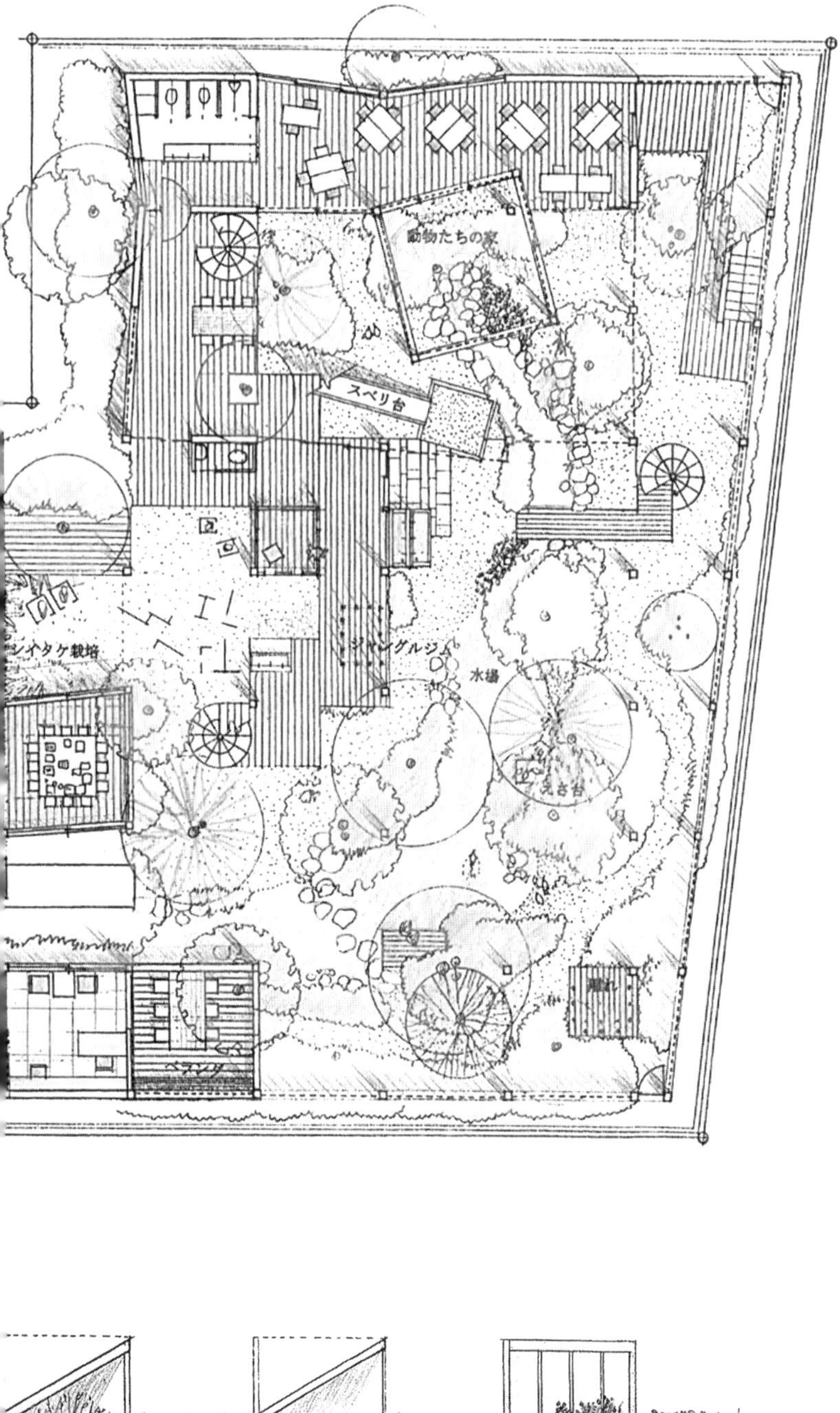

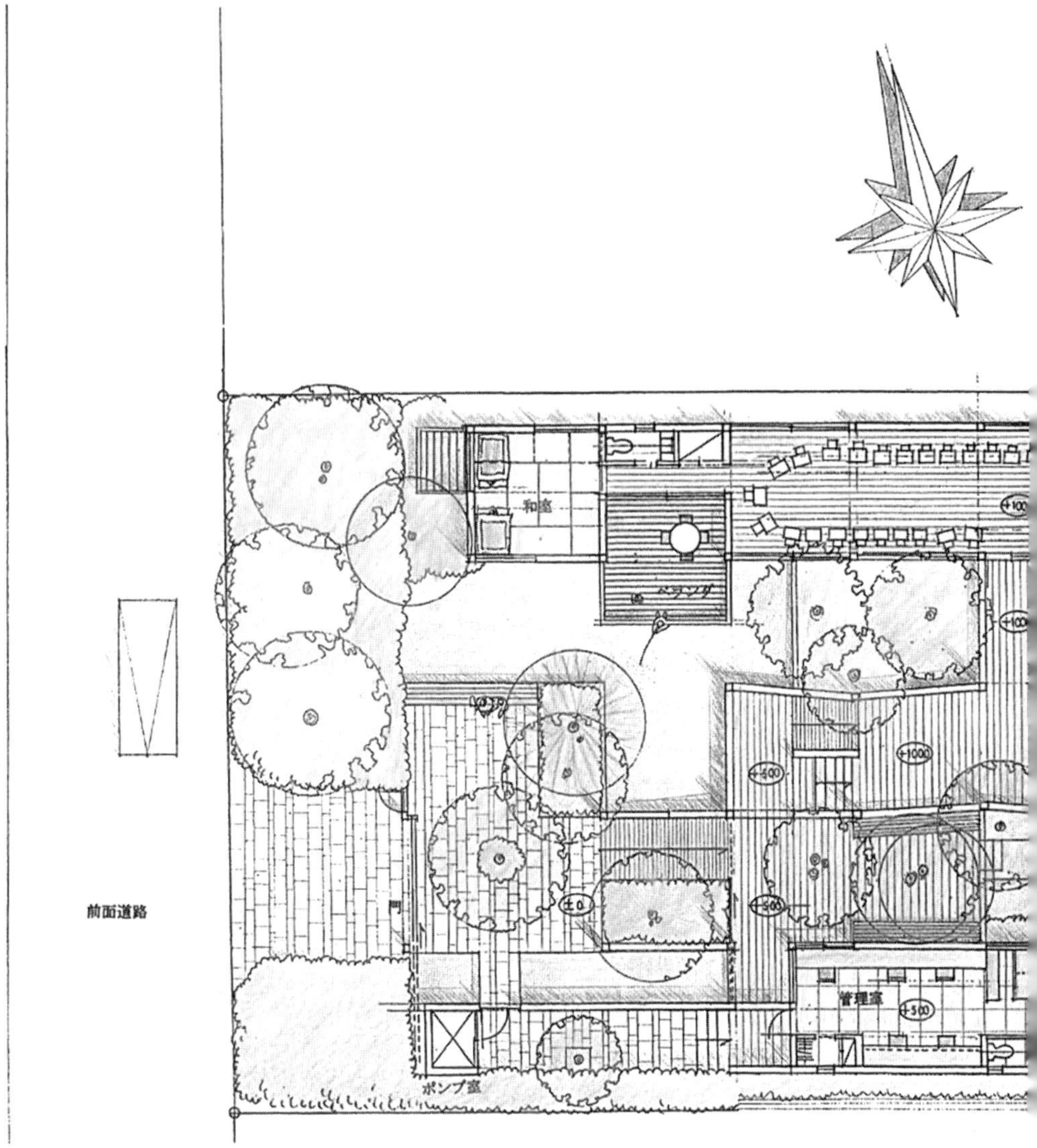

配置平面図に池や川、林を描くと、自然の中にある幼稚園が表現できる

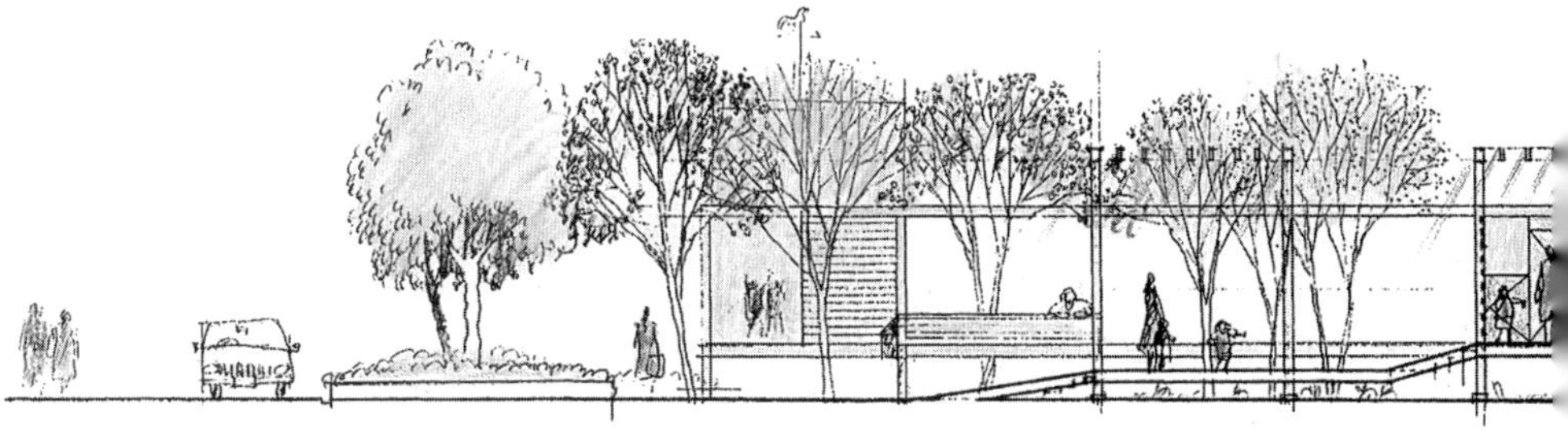

断面図に人物や樹木を描くと、空間の機能が説明できる

アプローチから中庭と事務室をとおして川辺を見る

自然幼稚園のアプローチ付近の透視図

自然幼稚園の鳥小屋付近の平行透視図

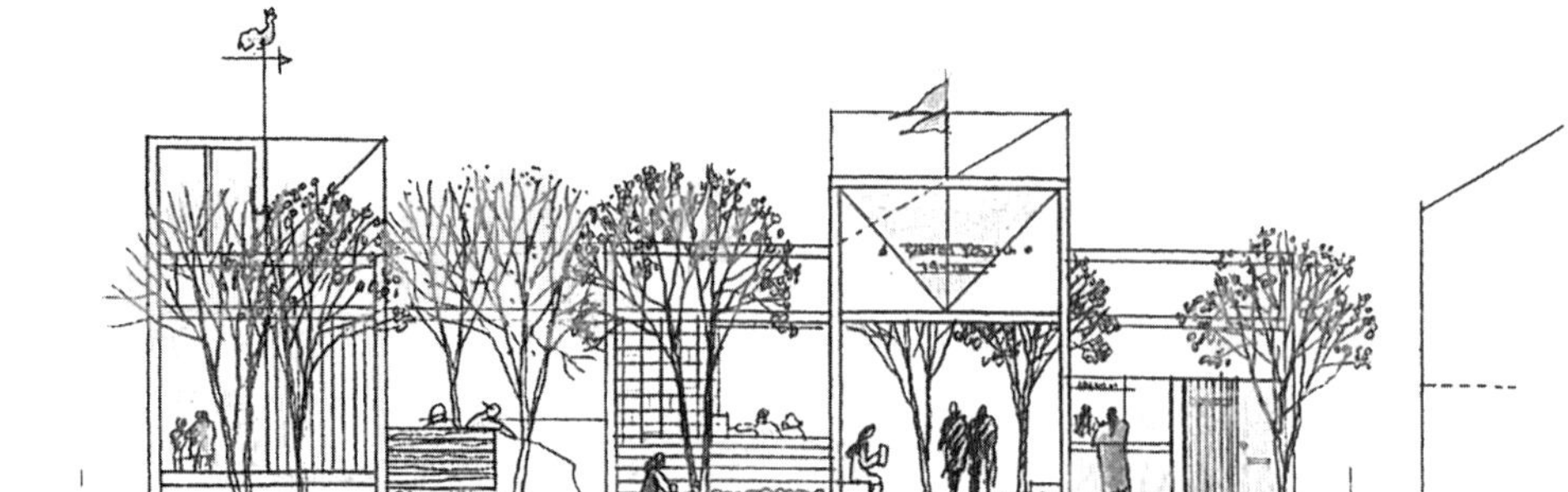

道路側から見た緑豊かな自然幼稚園の立面図

第8章 さまざまな表現法

今までさまざまな描き方を学んできました。
描き方ばかりでなく、筆記用具や紙の種類もさまざまです。
それぞれの紙や筆記用具の特性を生かして、
あなた独自の表現を見いだしてください。

一点透視図

さてここで、一点透視図の参考例をいくつか見てみましょう。図法としては単純ですが、構図、筆記用具、用紙の違いによって印象の違った透視図になります。プレゼンテーションの目的に応じて表現法を選択してください。

正面のプロポーションを、そのまま表現できる（テラスハウスのスケッチ）

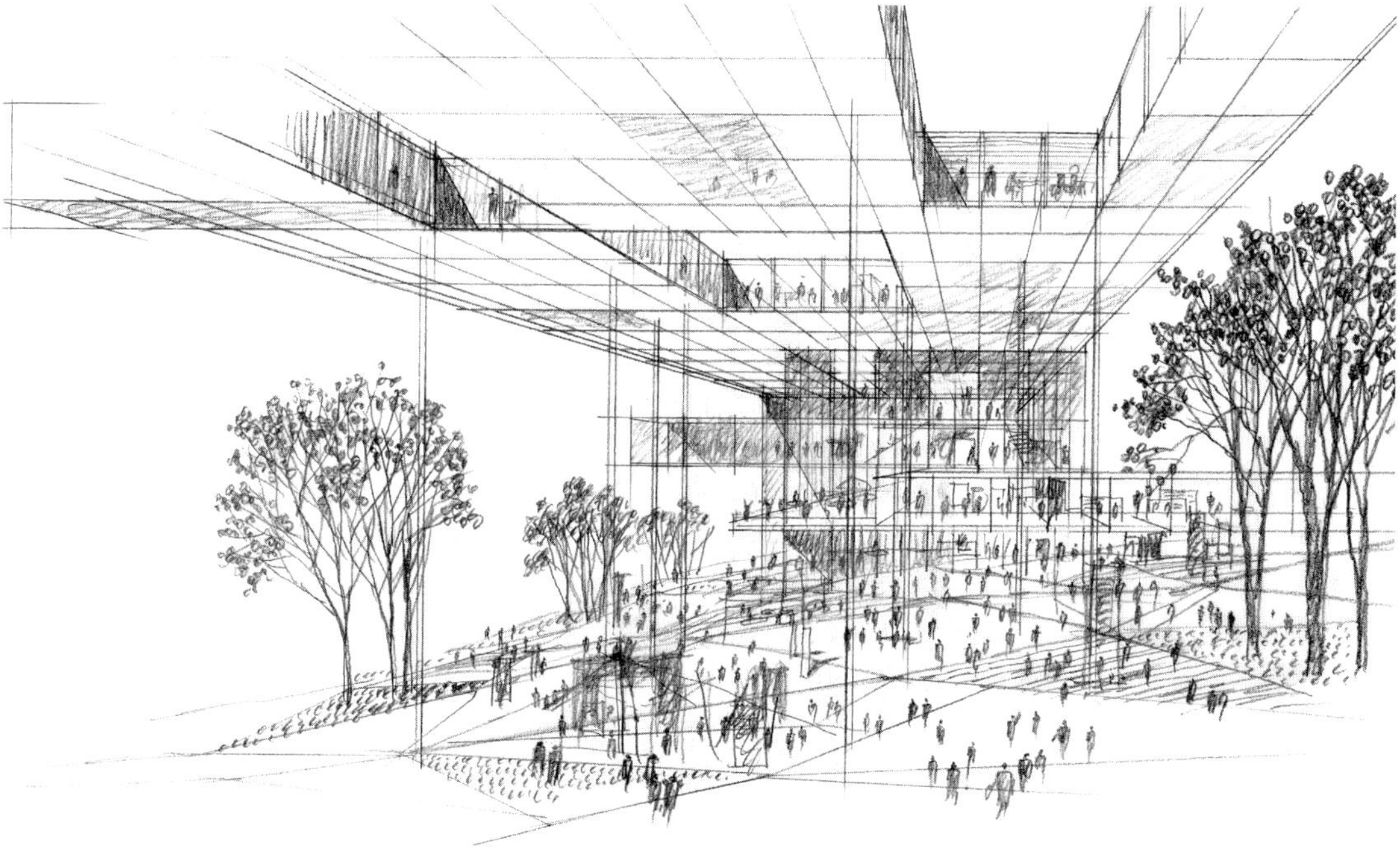

一点透視図は周辺部分が誇張されるため、迫力ある構図になる（研修センターのアトリウムスケッチ）

近景、中景、遠景の構図が遠近感を与える

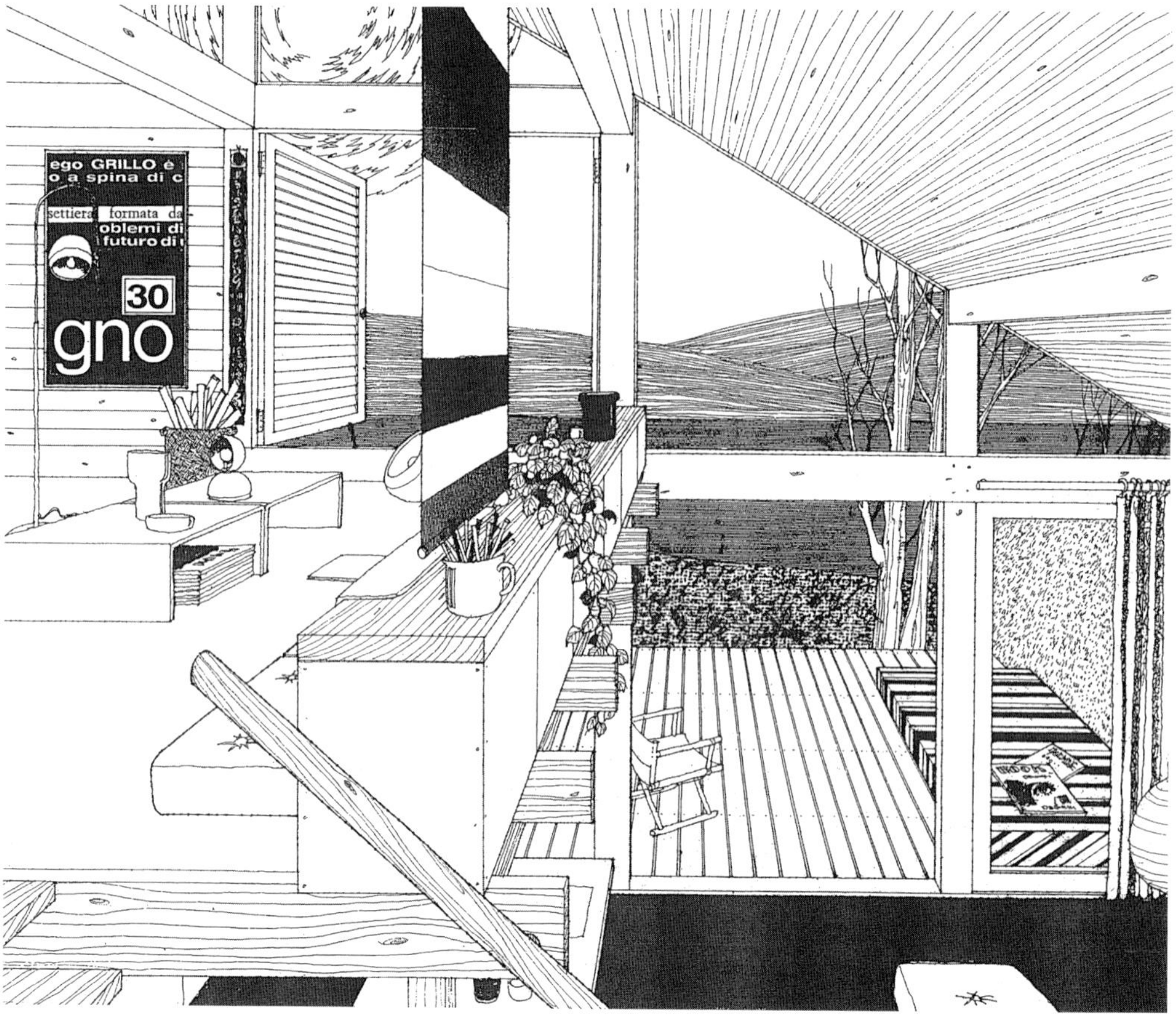

室内のさまざまなしつらえが、インテリアに生活感を与える

断面を見せた一点透視図は、空間の広がりと高さの関係を説明できる

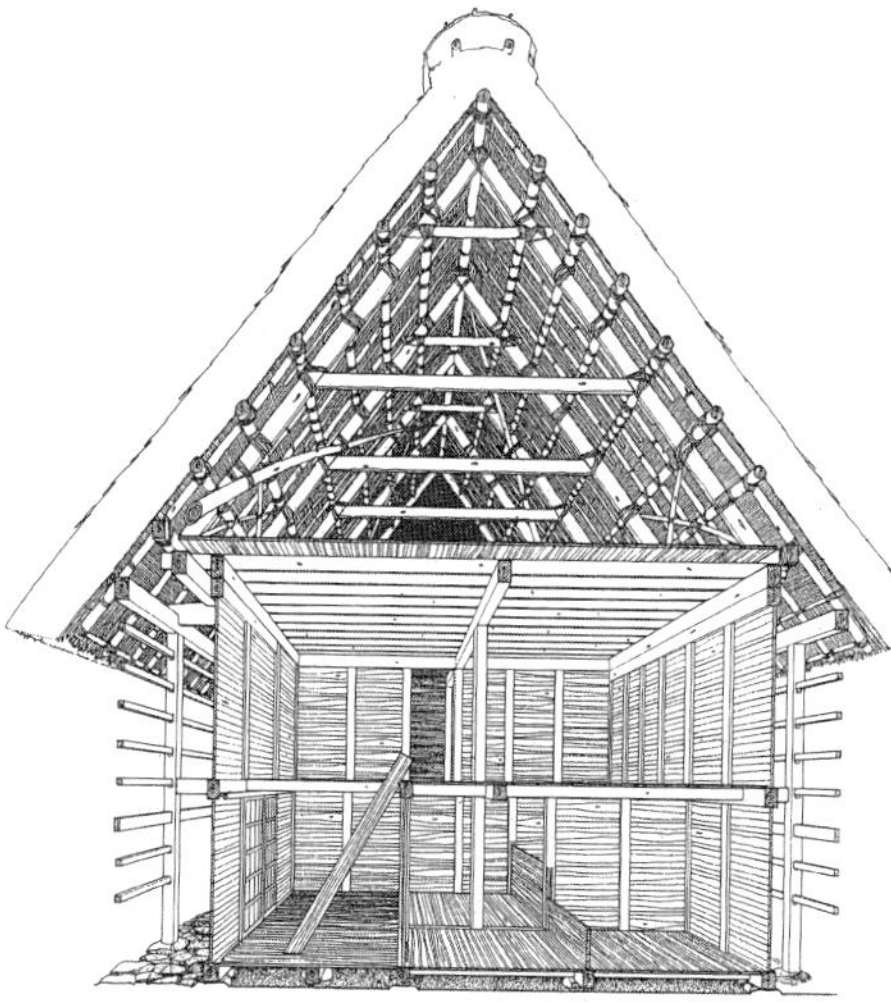

一点断面透視図は、建築の内部空間と構造の仕組みを
表現できる（合掌造りの倉）

平行透視図

平面図から高さを平行に立ち上げて描く図法で、平行透視図法、等角透視図法、アクソノメトリック図法とも呼ばれています。技法的には平面図を基準に機械的に描き上げていく単純でやさしい図法です。また、もう一つの大きな特徴は、**縮尺を持った透視図**であることです。いわば、一枚の図面で平面図と展開図、立面図などの役割を果たしています。

また、描き方、見せ方ですが、高さを垂直に描く方法（左図）と、平面の奥行きを垂直に、幅を水平にし、高さの立ち上げを斜めに描く方法（下図）の、二通りがあります。

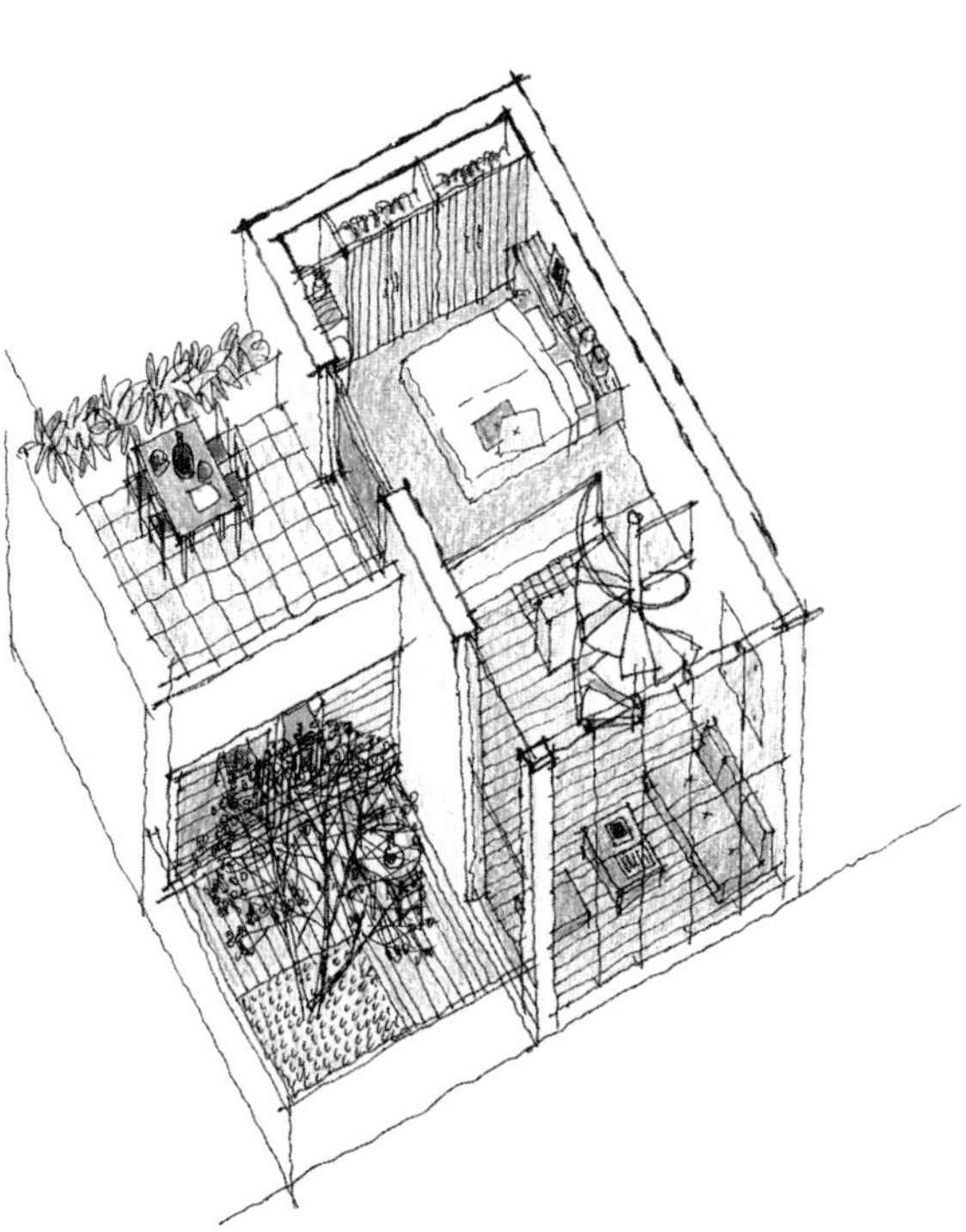

高さを垂直に立ち上げて描いた平行透視図

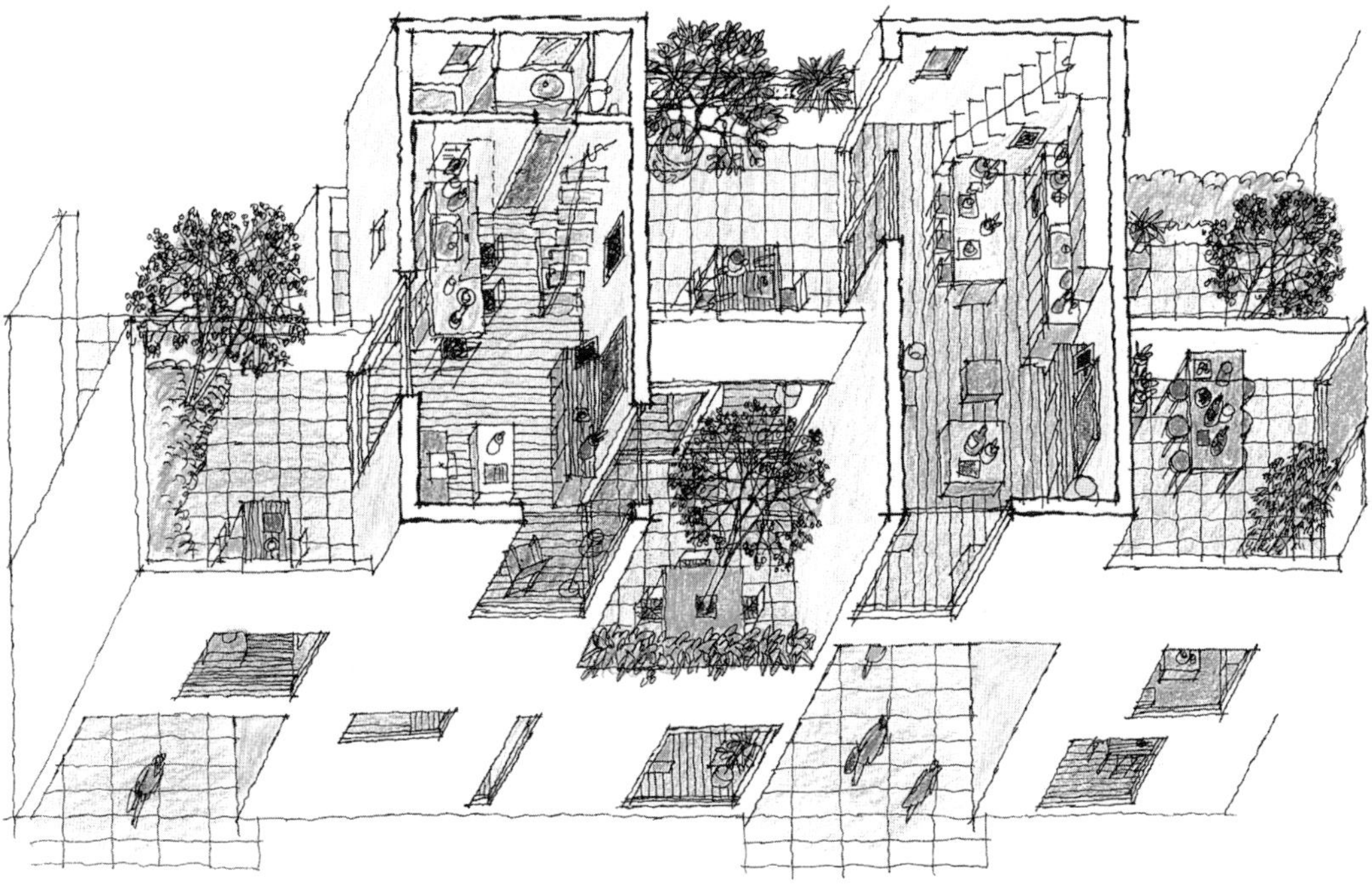

高さを斜めに立ち上げて描いた平行透視図

住宅地の様子を説明する平行透視図

あとがき

先日、ある人から手描きのグリーティングカードが届きました。そんなカードが届くと、何度も何度も手にとって読み返してみたくなります。相手の温かい心が小さなカードの隅々にまで行き渡っているようで、うれしいのです。

最近、年賀状は当然のこと、クリスマスカードや結婚の通知のほとんどが、パソコンで描かれたものになっています。また、用件だけを伝えるならば、瞬時に届き、影も形もなくなるメールで済んでしまいます。そんな中で、そのグリーティングカードのアピール度は群を抜いています。

私にはそんなカードや便りを入れておく専用のアルバムがあります。小さなカードの中には送り手の気持ちがあふれるほどに描かれていて、もったいなくて捨てる気にはなれないのです。もちろん、そのグリーティングカードはアルバムの一ページを飾ることになりました。

みなさんもこの機会に、わずかでもスケッチすることに興味を持ち、描いてみようと心が動かされただけでもよいのです。ぜひ、試みてください。あなたのスケッチは、世界でただ一つしか存在しない、あなた自身の作品でもあるのです。

この著書をまとめるにあたって、たくさんの方々のお力をお借りいたしました。特に彰国社の後藤武社長、編集者の土松三名夫氏に多大なお力添えをいただいたことを感謝いたします。

二〇〇六年十月

中山繁信

■著者略歴

中山繁信（なかやま　しげのぶ）

一九四二年　栃木県生まれ
一九七一年　法政大学大学院工学研究科建設工学専攻修士課程修了
宮脇檀建築設計室勤務　工学院大学伊藤ていじ研究室助手を経て
一九七七年　中山繁信設計室設立　その後ＴＥＳＳ計画研究所と改称
現在　工学院大学建築学科教授
日本大学生産工学部建築工学科非常勤講師
ＴＥＳＳ計画研究所主宰

主な著書
『勝手にパース検定』彰国社／二〇〇八年
『住まいの礼節――設計作法と美しい暮らし』学芸出版社／二〇〇五年
『眼を養い 手を練れ――宮脇檀住宅設計塾』（共編著）彰国社／二〇〇三年
『日本の伝統的都市空間――デザイン・サーベイの記録』（共編著）中央公論美術出版／二〇〇三年
『実測術――サーベイで都市を学ぶ・建築を学ぶ』（共著）学芸出版社／二〇〇一年
『現代に生きる「境内空間」の再発見』彰国社／二〇〇〇年
『wandering KATHMANDU』（共著）エクスナレッジ／一九九九年
『建築の絵本　日本人のすまい』（共著）彰国社／一九八三年ほか

主な建築作品
「オランジュ＋グレイン」商空間デザイン奨励賞受賞
「川治温泉駅舎」全国設計競技最優秀実施案
「楓のある家」「淡交白屋」「須和田の家」「銀嶺白屋」
「四谷見附派出所」東京都設計者選定委員会最優秀案
「ＫＡＯＫ八ヶ岳」ほか

手で練る建築デザイン

2006年11月30日　第1版 発　行
2008年12月10日　第1版 第3刷

著作権者との協定により検印省略

著　者　中　山　繁　信
発行者　後　藤　武
発行所　株式会社　彰　国　社

自然科学書協会会員
工学書協会会員

160-0002 東京都新宿区坂町25
電話　03-3359-3231(大代表)
振替口座　00160-2-173401

Printed in Japan

製版・印刷：壮光舎印刷　製本：誠幸堂

ISBN 4-395-00733-3　C 3052

http://www.shokokusha.co.jp